Hans-Uwe L. Köhler
Die perfekte Rede
So überzeugen Sie jedes Publikum

Für Henriette und Maximilian

Hans-Uwe L. Köhler

Die
PERFEKTE REDE

**So überzeugen Sie
jedes Publikum**

Bibliografische Information der Deutschen Nationalbibliothek
Die Deutsche Nationalbibliothek verzeichnet diese Publikation
in der Deutschen Nationalbibliografie; detaillierte bibliografische
Informationen sind im Internet unter http://dnb.ddb.de abrufbar.

ISBN 978-3-86936-228-1

3. Auflage 2013

Copyright © 2011 GABAL Verlag GmbH, Offenbach
Lektorat: Christiane Martin, Köln
Umschlaggestaltung: Martin Zech Design, Bremen | www.martinzech.de
Umschlagfoto: Hans-Uwe L. Köhler
Satz und Layout: Das Herstellungsbüro, Hamburg | www.buch-herstellungsbuero.de
Druck und Bindung: Salzland Druck, Staßfurt

www.gabal-verlag.de
www.facebook.com/Gabalbuecher
www.twitter.com/gabalbuecher

www.die-perfekte-rede.com

Inhalt

Frei
ist nur der
Clown –
er allein ist bereit,

BEDINGUNGSLOS
zu scheitern

Wie Sie ein großer Redner werden

Hans-Uwe L. Köhler war wohl zwölf Jahre alt, als in der Schule das Gedicht »Der Erlkönig« behandelt wurde. Üblicherweise wurden Gedichte damals stumpf auswendig gelernt. Es ging nicht um die Faszination einer Geschichte – es ging um Konditionierung. Und so wurden die Gedichte auch vorgetragen: schlicht und einfach heruntergeleiert.

Meine Idee war eine andere. Ich wollte dieses Gedicht richtig vortragen, mit Empathie und mit der ganzen Dramatik der Ereignisse in der Stimme. Also meldete ich mich und sagte, dass ich das ganze Gedicht, nicht nur eine Strophe, komplett vortragen möchte. Und dann legte ich los. Bis die ganze Klasse in schallendes Gelächter ausbrach. Das war nicht schlimm. Doch, dass mein Lehrer, den ich so sehr verehrte, auch losprustete, das tat weh!

Wahrscheinlich war meine Darbietung völlig übertrieben, in jedem Fall wohl schlecht. Wenn man so etwas erlebt, muss man eine Entscheidung treffen. Die meisten Menschen sagen sich in solchen Momenten: »Das passiert dir nie wieder!« und bleiben zukünftig bei jeder Aufforderung »Nun sag doch mal was!« sitzen. Ich traf eine andere Entscheidung: »Das kannst du besser!«

Von diesem Augenblick an meldete ich mich bei jeder Aufführung des Schultheaters für die tragende Rolle – doch genau genommen war ich im nächsten Stück »Hänsel und Gretel« nur die dritte Tanne. Als dann der Sturm durch den Wald brauste, was glauben Sie, was ich aus dieser Tanne machte …

Im Nachhinein glaube ich tatsächlich, dass an diesem Tag, durch dieses Ereignis, in mir der Wunsch erwachte, der mein Leben prägen sollte, der Wunsch, ein außergewöhnlicher Redner zu werden.

Die höchste Kunst liegt im schwierigsten Akt

Ein jeder von uns empfindet es als echte Herausforderung, vor einer Gruppe eine freie Rede zu halten. Dabei kommen alle Belastungen, die für uns so niederzwingend sein können, zum Tragen. Der Mensch wird in seinem Charakter geprüft, stellt sich mit seinen Fähigkeiten nackt der Betrachtung, öffnet alle Sichtfenster auf sein Unvermögen und kann nicht fliehen. Eitelkeiten und Fehleinschätzungen werden dem Redner als pure Schwäche angelastet. Das Urteil des Publikums ist häufig niederschmetternd. Noch Lust, Spitzenredner zu werden?

Von der Lust am SCHEITERN

 Gehen Sie das maximale Risiko ein – lieber alles verloren als nur ein bisschen gewonnen!

Mit dem Titel des vorliegenden Buches »Die perfekte Rede« steht eine Frage im Raum: »Geht das überhaupt – eine perfekte Rede?« Die Antwort ist überraschend: Natürlich ist das möglich. Aber ist es auch erstrebenswert?

Haben Sie schon einmal gehört, wie in einem chinesischen Zirkus eine Akrobatennummer angekündigt wird? »Möge die Übung gelingen!« heißt es dort. Nicht: »Und jetzt kommt der weltberühmteste und allergrößte und obertollste Super-Mega-Star!« Nein – ganz bescheiden: »Möge die Übung gelingen!« Also kein Akrobatenkunststück, sondern eine Übung, die eben auch schiefgehen kann. Denn in der Welt der Profis geht es nicht darum, vollkommen oder perfekt zu sein, sondern darum, nach Vervollkommnung zu streben und daran zu arbeiten.

Was ist also das Ziel, das Sie als Vortragender anstreben? Wann kann eine Rede als perfekt gelten?

- wenn sie frei gehalten wird
- wenn sie die Zuhörer berührt
- wenn sie der Entwicklung von Redner und Zuhörer dient
- wenn die Absichten und Aussagen klar einzuordnen sind
- wenn sie der Erbauung des Zuhörers dient und ihm ästhetische Freude bereitet
- wenn sie das Ziel des Redners einlöst
- wenn sie frei von Tricks und Manipulationen ist
- wenn die Persönlichkeit des Redners durchscheint
- wenn sie mit Begeisterung vorgetragen wird

Einer der klügsten Köpfe der deutschen Politik war Dr. Rainer Barzel – dieser Mann konnte druckreif sprechen, ohne einen einzigen Versprecher. Seine Gedanken waren brillant. Doch er konnte nie die Sympathien der Menschen gewinnen – er war zu perfekt, zu glatt. Hätte er sich doch nur einmal versprochen!

Ganz anders Willy Brandt. Seine Stimme war aus Sicht von Stimmtrainern eine Katastrophe, aber sie war so außergewöhnlich menschlich, dass man ihm alles verzieh. Wenn Brandt in seinen Reden »nachdachte«, nach einem Wort und der entsprechenden Ausformulierung suchte, dann konnten das seine Zuhörer miterleben, nachvollziehen und ja – miterleiden. Jeder konnte hören und sehen, wie Buchstabe für Buchstabe über seine Lippen quoll, geradezu geboren wurde, um dann ein einziges Wort zu bilden, das nach einem weiteren Wort verlangte. Und so fütterte Brandt seine

Zuhörer – es war unglaublich. Natürlich war das alles geplant und im Manuskript vermerkt!

So auch bei Herbert Wehner: Wenn er im Bundestag lospolterte oder Bemerkungen machte, die ihm regelmäßig Ordnungsrufe des Parlamentspräsidenten eintrugen, dann war das kein Zufall. Am Rande seines Manuskriptes stand oft genug: »Brüllen!«

Wenn Sie das Stadium des Anfängers verlassen haben, dann machen Sie sich doch auf die Reise um herauszufinden, welche Rednerqualitäten in Ihnen stecken! Bevor man perfekt ist, gibt es so viel zu entdecken – und nicht nur Motivierendes! Wenn Sie darüber nachsinnen, woran auch der Perfektionist scheitern kann und was ihn an den Rand der Verzweiflung bringt, werden Sie auch seiner ständigen Begleiterin begegnen: der Angst.

Ich werde häufig gefragt, ob ich nicht Angst hätte, im Vortrag den roten Faden zu verlieren, stecken zu bleiben, zu stottern, Unsinn zu reden, das Zeitgefühl zu verlieren, Lampenfieber zu haben, mich unwohl zu fühlen, Schweißflecken zu bekommen …

Meine Antwort: Ich weiß, dass ich den roten Faden verlieren werde, ich weiß, dass ich stecken bleiben und auch noch stottern werde, ich werde Unsinn reden, mein Zeitgefühl verlieren – Lampenfieber habe ich sowieso, heute fühle ich mich absolut unwohl und Schweißflecken habe ich auch noch … Aber ich bin sicher, dass nicht alle diese schrecklichen Ereignisse heute, während eines einzigen Vortrags, gleichzeitig passieren werden. Vielleicht erst beim nächsten Mal. Und dann kann ich mich darauf vorbereiten. Also ist die Aufgabe klar: Was könnte ich tun, um gar nicht erst in diese Situationen zu kommen? Und wenn es doch geschieht, was mache ich dann?

Übrigens, die kleine Schwester der Angst ist die Neurose. Und selbst der Beruf des Redners ist es nicht wert, an einer Neurose zu leiden! Aber trotz seiner Ängste kann man auch eine außergewöhnliche

Karriere machen – lesen Sie zum Beispiel die folgenden Worte: »Herrschaften, so, jetzt müssen wir, wieder, wie gesagt, lassen Sie mich doch, mal einen Satz, also, das geht doch alles von Ihrer Zeit ab, nein, kann sie nicht.« Das stammt von Piet Klocke – erkannt?

ZWISCHENRUF

Sie können es sich gar nicht leisten, ein schlechter Redner zu sein.

Während dieses Manuskript geschrieben wird, findet zeitgleich die Schlichtung zu »Stuttgart 21« statt – eine seltene Gelegenheit, stundenlang Fachleute bei der Präsentation von Fakten zu beobachten. Der Schlichter Heiner Geißler zwingt die einzelnen Redner in fast nervtötender Art, sich verständlich auszudrücken. Zu Recht! Denn allen Experten musste spätestens nach dem ersten Tag bewusst gewesen sein,

- dass sie stundenlang live im Fernsehen zu sehen und zu hören sein werden,
- dass die verwendeten PowerPoint-Charts fast immer unlesbar im Fernsehen übertragen werden,
- dass es um ein Milliardenprojekt geht.

Und hier meine eigene Einschätzung der einzelnen Akteure und ihrer Redegewandtheit:

Der Architekt, der den neuen Stuttgarter Bahnhof gestalten und bauen soll, schafft es nicht, die Zuhörer von seinem wunderschönen Projekt zu begeistern. Er ist absolut von sich und seiner Position überzeugt. Was er allerdings klar zum Ausdruck bringt, ist seine Verachtung für die Laien, die von seiner Arbeit ohnehin keine Ahnung hätten.

Keinem der Experten in der Schlichterrunde gelingt es wirklich, seine Sprache so von Fachbegriffen zu befreien, dass sie verständlich wird. Es ist geradezu komisch, wenn ein »Bahner« einen Fahrplan erklärt. Man fragt sich nach solchen Erklärungen verwundert, wie es überhaupt möglich ist, dass Züge pünktlich fahren.

Politiker, ebenfalls »Experten«, begreifen nicht, dass es nicht um »Rechtspositionen« geht, ob alles »richtig« gemacht wurde – es fehlt ihnen die Fähigkeit, Menschen zu gewinnen und zu überzeugen.

Da erklären Professoren den Tunnelbau in einer Sprache, dass man Angst bekommt, jemals durch eine solche Röhre fahren zu müssen. Es werden keine klaren Positionen bezogen aus ständiger Angst, haftbar gemacht werden zu können, wenn etwas schiefgeht. Warum sagt denn niemand: »Das gesamte Projekt ist so konzipiert, dass eine Katastrophe ausgeschlossen ist!« Aber da es ja leider Murphys Gesetz gibt, traut sich keiner.

Allein der Bürgermeister von Tübingen schafft es, in einem seiner Beiträge seine Position so geschickt aufzubauen, dass er sich einerseits als Gegner des Projektes zu erkennen gibt, der eine sehr lebendige und optisch-didaktisch überzeugende Darstellung der Zugfolgeproblematik hinbekommt, und andererseits am Ende durchaus als eventuell späterer Bürgermeister von Stuttgart die Durchführung des Bahnhofbaus unterstützen könnte. Dass ihm dann der Technische Vorstand der Bahn, Volker Kefer, einen Job bei der Bahn anbietet, zeugt von der Verhandlungsklasse und dem Humor dieses Vorstands, der als Einziger während der gesamten Schlichtung seine souveräne Position nicht verliert. Wie Inszenierung geht, zeigt Kefer die ganzen Verhandlungstage über: Er trägt eine Halbbrille, die es ihm erlaubt, wie ein Lehrer zu dozieren und gleichzeitig liebevoll zuzuhören. Und am Nachmittag des Schlusstages? Keine Brille – ein freies Gesicht.

Die Zuschauer konnten auch erleben, wie Inszenierung nicht geht: Am Schluss der Veranstaltung fehlten der Grüne Palmer und die Ministerin Gönner – natürlich hatten beide wichtige Gründe für ihre Abwesenheit. Aber gibt es eine einfachere Art, seine Missachtung und sein Desinteresse zu unterstreichen?

Der Gesamteindruck dieser Veranstaltung lässt nur den folgenden Schluss zu: Wenn Sie für irgendein Fachgebiet Experte sind, was ja wohl der Fall ist, wenn Sie dieses Buch lesen, dann hüten Sie sich vor sich selber! Ihr Fachwissen ist der größte Feind Ihrer Überzeugungsabsicht. Finden Sie für jeden Fachbegriff ein Ersatzwort, eine Metapher, damit Sie verstanden werden! Sorgen Sie dafür, dass jedermann Sie wirklich verstehen kann!

Was wirklich wichtig ist

Wenn Sie eine Rede halten, dann brauchen Sie natürlich einen Inhalt, sonst verbreiten Sie nur leeres Geschwätz. Achtung: Falle! Die meisten Redner machen sich aus diesem Grund unglaublich viele Gedanken über die Frage: Worüber soll ich reden? Diese Ausgangsfrage ist falsch!

Beginnen Sie Ihre Überlegungen mit einem völlig anderen Ansatz. Klären Sie ganz unmissverständlich die folgende Aufgabenstellung: »In welchem Zustand sollen meine Zuhörer sich befinden, wenn die Rede abgeschlossen ist?«

Überlegen Sie einmal, welche Möglichkeiten Sie als Redner haben: Sie können Ihre Zuhörer einlullen, erzürnen, verführen, desinformieren, sie in die Irre führen, konfus machen, für Scheinlösungen interessieren, oder aber ganz nüchtern nur informieren, sie unterhalten, ermuntern, motivieren und begeistern.

Das größte Ziel

 Sorgen Sie dafür, dass es Ihren Zuhörern nach Ihrem Vortrag ein wenig besser geht als zuvor! Steigern Sie ihr Selbstwertgefühl und geben Sie ihnen Motivation und Inspiration! Das reicht.

Die Möglichkeiten für Sie als Redner sind unbegrenzt und unterliegen an dieser Stelle auch keiner moralischen Überprüfung. Aber eines ist doch wohl klar: Wenn Sie die Absicht haben, Ihr Publikum zu verführen, müssen Sie anders reden, als wenn Sie Ihre Zuhörer verwirren wollen.

Stellen Sie sich vor, Sie sind Professor an einer Universität und sollen anlässlich der Verabschiedung des Dekans der juristischen Fakultät eine Rede halten. Dass Sie den Kollegen würdigen werden, ist keine Frage. Aber jetzt kommt ein anderer Ansatz hinzu: Ihr größtes Ziel ist es, so zu reden, dass Sie den Dekan zu Tränen rühren.

Was einem alles passieren kann I

Meinen ersten wirklich großen Vortrag hielt ich anlässlich des 1. Zahnarzthelferinnen-Kongresses 1975 in Berlin. Im Saal der Kongresshalle, genannt die »Schwangere Auster«, saßen 3500 Menschen! Ich war aufgeregt. Für meinen Vortrag hatte ich eine Diaprojektion vorbereitet; in jeder Vortragsminute steckte ein ganzer Arbeitstag Vorbereitung. Ich wurde also angekündigt, sprach einige einleitende Sätze, dann verdunkelte sich der Saal ein wenig und die Dias liefen. Die Bilder waren sechs Meter hoch! Ich fühlte mich sehr wohl, wenn auch angespannt. Und dann, nach etwa zehn Minuten, passierte es: Aus den Saallautsprechern scholl die Durchsage: »Die Busse für die Ostberlinrundfahrt stehen vor dem Kongressgebäude!« Dieser Text – mitten hinein in meinen Vortrag! Ich war empört! Etwa der halbe Saal stand auf – und ging! Natürlich waren die Menschen höflich und versuchten leise zu sein. Aber was glauben Sie, wie »leise« über 1000 Menschen sind, wenn sie aufstehen und ihre Sachen zusammensuchen? Ich war so enttäuscht und verärgert; wie hatte ich mich vorbereitet, wie wichtig war doch das, was ich da vorzutragen hatte – und die gingen einfach! Der nächste Gedanke war, ob die, die da noch saßen, nur keine Tickets für die Rundfahrt bekommen hatten? Bevor mich meine Enttäuschung übermannen konnte, sagte ich mir: »Sie sind wegen dir geblieben!« Wie die Geschichte zu Ende ging? Direkt nach dem Vortrag kam der Veranstalter und Verleger Wolfgang Haase auf mich zu und sagte: »Ein klasse Vortrag, junger Mann, daraus machen wir ein Buch!« Und tatsächlich, zwei Jahre später hatte ich mit 28 Jahren ein Fachbuch geschrieben, das in deutscher, italienischer und japanischer Sprache erschien.

EINFLUSS-
NAHME

ist der
Sinn
jeder
Rhetorik

DAS HABE ICH SCHON
1000 Mal gesagt

Kommt Ihnen diese Formulierung bekannt vor? Stammt sie sogar aus Ihrem eigenen Mund? Dann beginnt jetzt ein richtiges Stück Arbeit für Sie. Dieser und ähnliche Sätze wie »Das habe ich schon hundert Mal gesagt« (Schwabenversion) oder »Wie oft habe ich schon zu meinen Leuten / Kunden / Kindern gesagt ...«, »Ich sage immer wieder ...« haben einen einzigen Hintergrund: das Eingeständnis der absoluten Wirkungslosigkeit!

Es ist doch nicht sinnvoll, immer wieder das Gleiche zu wiederholen, wenn man damit nicht die gewünschte Wirkung erzielt. Was also tun? Wenn Sie sich beim Wählen einer Telefonnummer vertippen, was tun Sie dann? Auf die Wahlwiederholungstaste drücken? Wohl kaum. Sie werden einen neuen Code eingeben. Und genau das ist die Lösung des Problems.

Wenn Sie mit Menschen reden, wollen Sie eine ganz bestimmte Wirkung erzielen. Erreichen Sie dieses Ziel nicht, dann ist Ihre kommunikative Leistung als mangelhaft einzustufen. Mehr verdient sie nicht.

Unabhängig davon, ob Sie es gut oder weniger gut mit den Menschen und ihren Wünschen meinen, werden Sie ein ganz natürliches Interesse haben, mit Ihren Worten die gewünschten Ziele zu erreichen. Das nennt man die Fähigkeit zur Beredsamkeit und dazu benötigt man die Rhetorik.

Unglücklicherweise wird der Begriff der »Beredsamkeit« auch mit »persuasiver Kommunikation« gleichgesetzt; gemeint ist damit das »Überreden«. Deshalb an dieser Stelle der klare Hinweis: Die perfekte Rede dient nicht der »Überredung«, sondern der »Überzeugung« und der »Gewinnung« von Menschen. Es geht immer um zwei Wirkungsweisen: kurzfristige Einflussnahme, zum Beispiel um sofortige Verkaufserfolge zu erzielen, und das Bestreben, langfristige Überzeugungen zu beeinflussen, zum Beispiel um Verhaltensänderungen zu erreichen.

Und an dieser Stelle will ich es mir nicht verkneifen, ausdrücklich darauf hinzuweisen, dass die Rhetorik zu den sieben freien Künsten gehört, weil sie eines freien Menschen würdig ist.

Seit Aristoteles unterscheidet man drei Gattungen der Rede:

Lob- oder **Fest**rede

In der Gesellschaftsrede, häufig zur Ehrung einer oder mehrerer Personen, können Sie immer einen bunten Teppich aus Anekdoten, Zitaten und Erlebnissen des zu Ehrenden oder anderer Beteiligter weben. Eine Brautrede zum Beispiel ist der ideale Anlass, um zwei unterschiedliche Lebensläufe miteinander zu verknüpfen – mit dem Ziel, auch gleich zwei Familien zusammenzuführen. Und die Trauerrede? Sie ist ein ideales Feld, um die Gefühle der Trauernden einzubinden, zu sammeln und in eine erträgliche Form zu gießen. Eine der besten Trauerreden, die der Autor je hörte, war die Abschiedsrede in einem »direkten Dialog« mit dem Verstorbenen! Sie wurde von Dr. Jörg Lingenberg anlässlich der Beisetzung des Verlegers Edgar Bissinger sen. gehalten.

Sie können in der Gesellschaftsrede letztendlich immer glänzen. Schmücken Sie Ihre Rede dem Anlass entsprechend aus. Und wenn es angemessen ist, dann prahlen Sie ruhig ein wenig mit Ihrer Bildung (mit einigen Brocken Latein vielleicht, Franz-Josef

Strauß war darin ein Meister), Ihrer Erfahrung (»... wie ich immer gerne zu sagen pflege ...«) oder Ihrem Erfolg (»Für Aktien braucht man einen Riecher und Freunde an der Börse«). Bei der Gesellschaftsrede bleibt das Publikum passiv. Und das ist wahrscheinlich auch gut so ...

Die Gerichtsrede

Bei der Gerichtsrede geht es immer um die Bewertung eines Ereignisses aus der Vergangenheit. Es geht hier klassisch um die Positionen der Anklage oder der Verteidigung. Ich wünsche Ihnen, dass Sie nie in die Lage kommen, sich mit diesen Punkten auseinandersetzen zu müssen.

Die Aufgabe der Gerichtsrede ist es, eine Entscheidung zu ermöglichen – Freispruch oder Kerker!

Die Beratungsrede

Die Beratungsrede ist wohl die wichtigste aller Reden – es gibt sie heute in zwei unterschiedlichen Stilrichtungen. Die erste Variante ist das Fachreferat oder der Fachvortrag mit folgendem Ziel: Information des Publikums, Befriedigung der Interessenlage des Publikums und Hinführung zu einer Entscheidung. Hier wird das Publikum letztendlich immer zu einer Aktivität aufgefordert.

Die zweite Art ist die Meinungsrede, bei der es sich keineswegs immer um eine politische Rede handeln muss.

Egal, ob Sie Ihre Zuhörer zu einem bestimmten Verhalten bewegen wollen, ob Sie ein Nichtraucherseminar leiten, eine Kirchenpredigt halten, die Jahresabschlussbesprechung in einem Unternehmen führen oder einen Motivationsvortrag halten – immer geht es darum, das Publikum zu ermuntern, in einer bestimmten Sache

Position zu beziehen, also Ja oder Nein zu sagen und dann eine entsprechende Handlung folgen zu lassen und die möglichst auch noch nachhaltig.

Vor dem Hintergrund der perfekten Rede gilt es auch bei der Beratungsrede, den richtigen Mix zu kreieren! Tun Sie alles, um Ihr Publikum argumentativ auszurüsten und zu gewinnen und zu erfreuen und zu rühren und zu bewegen. Das alles sollten Sie in Ihrer perfekten Rede hinkriegen! Chapeau!

Die **Berichterstattung** – eine **Herausforderung** für PERSÖNLICHKEITEN

Seit Aristoteles hat sich allerdings einiges auf dieser Welt geändert – vielleicht weniger als man denkt, aber immerhin. Als Redeform der neueren Art ist die Berichterstattung hinzugekommen.

Wenn Sie also innerhalb einer Organisation »nach oben« berichten müssen, also an den Vorstand einer Aktiengesellschaft, an ein Präsidium, an den Inhaber eines Unternehmens, an jedwede Form und Struktur von Vorgesetzten, dann müssen Sie auf dem Weg zur perfekten Rede an einige Klippen denken und diese klugerweise umschiffen.

Es geht immer um Macht

Wenn Sie als Redner Teil einer Organisation sind und innerhalb dieser Struktur überleben wollen, dann sollten Sie immer davon ausgehen, dass Ihnen wahrscheinlich nicht alle Anwesenden freundlich gesonnen sind. Deshalb müssen Sie wissen, wer Ihre Gegner sind. Namentlich. Besonders wichtig: Deren Motivation muss Ihnen klar sein. Macht Ihnen das Angst?

Wenn Ihnen schon bei dieser Frage die Handinnenflächen feucht werden, dann kündigen Sie besser sofort! Wieso? Weil Sie mit Angst im Bauch nie frei und souverän agieren und sprechen können. Das allein wäre nicht so schlimm. Doch Ihre Angst wird von allen Anwesenden wahrgenommen – und sofort ausgenutzt werden. Sie haben auch keine Chance, sich zu verstellen – Ihre Körpersprache verrät Sie, von Ihrer Stimme ganz zu schweigen!

Aus diesem Grund ist es erforderlich, dass Sie sich über Ihre eigene Macht im Klaren sind.

Es geht um Persönlichkeit

Sie gewinnen bei einer Berichterstattung nur über Ihre Persönlichkeit. Also arbeiten Sie an sich! Das heißt, sich mit seiner eigenen inneren Einstellung auseinanderzusetzen – ständig und in Klarheit und Wahrheit. Nutzen Sie immer wieder die Gelegenheit, in Persönlichkeitsseminaren Ihr Verhalten zu überprüfen! Nehmen Sie die Angebote von Coachs in Anspruch! Belegen Sie Rhetorikseminare! Bleiben Sie im inneren Dialog mit sich! Seien Sie unbedingt ehrlich mit sich selber! Achten Sie auf jeden Anflug von Eitelkeit, weil Sie denken, es »geschafft zu haben«! Köhler ist zutiefst davon überzeugt, dass Persönlichkeitsentwicklung bis zum letzten Atemzug stattfindet.

Es geht um die innere Einstellung

Betrachten Sie die Aufforderung zur Berichterstattung niemals als eine Unverschämtheit oder eine unangebrachte Kontrolle. Und sehen Sie es nicht als lästige Pflichtübung! Erledigen Sie die Aufgabe der Berichterstattung mit viel Freude und der Absicht, Ihre Gegner mal wieder zu enttäuschen, da Sie ihnen keine offenen Flanken bieten! Auch wenn vieles, was man von Ihnen verlangt, nicht sofort immer Sinn stiftend erscheint, denken Sie an die

Möglichkeit, dass Sisyphos* ein glücklicher Mann gewesen sein könnte!

Es geht nie nur um Zahlen

Sie brauchen für eine Berichterstattung nicht eine Fülle von Zahlen. Sie brauchen plausible Fakten. Sie müssen vorbereitet sein. Fragen, die man Ihnen während der Berichterstattung stellt, sind keinesfalls immer böse gemeint, sie werden häufig von Unterstützern gestellt, um Ihnen die Plattform für sehr gute Antworten zu verschaffen.

Es geht nur mit einer Strategie der einfachen Art

Klären Sie für sich die folgenden Fragen:

- Wie ist meine aktuelle Position? Stark oder schwach?
- Wer ist von dem Inhalt der Berichterstattung erfreut?
- Wen belastet das Ergebnis des Berichtes?
- Welche Informationen gehören auf den Tisch?
- Welche nicht?
- Gegen welche Regeln sollte ich verstoßen, um meine Unabhängigkeit zu unterstreichen?

Und bevor Sie die Nerven verlieren, denken Sie an den legendären Golfspruch: »Golf ist kein Spiel, es geht immer um Leben und Tod!« Also gehen Sie doch auch mit Ihrer Karriere ein wenig entspannter um! Ihr Job ist nicht das Leben – nur ein Teil davon. Eine perfekte Rede hingegen hat das Zeug zum Kunstwerk – und das ist das wahre Leben.

---

* Held der griechischen Mythologie, der damit bestraft wurde, dass er einen Stein auf einen Berg wuchtete, der dann immer sofort wieder zu Tal rollte.

Das einzig

FUNKTIONIERENDE
PERPETUUM MOBILE

der
Welt:

BE
GEISTE
RUNG

Die Götter erlaubten sich einen Scherz

Damit man Ihnen Ihre perfekte Rede glaubt, abnimmt, in ihr aufgeht, braucht es eine besondere Energie – die Begeisterung.

Die Götter haben sich mit den Menschen einen Scherz erlaubt. Und der geht so: Sie ahnten schon immer, dass es die Menschen treibt, das Glück zu finden. Also kamen sie auf die Idee, das Glück dort zu verstecken, wo es die Menschen nie finden würden – also versteckten die Götter das Glück im Menschen selbst! Genial, oder? Und so ist das mit der Begeisterung auch. Diese Energie steckt direkt in Ihnen! Wie Sie diese Quelle anzapfen können, dafür gibt es viele Ideen und auch Hilfen.

Interessant ist die Beobachtung, dass bei kleinen Kindern Neugier und große Begeisterung in scheinbar unerschöpflicher Menge vorhanden sind. Doch bei vielen Menschen verlieren sich mit der Zeit sowohl die Neugier als auch die Fähigkeit der Begeisterung. Können Sie noch sagen: »Das ist ja interessant!«? Kindliche Neugier als Freude an der Entdeckung – das ist Begeisterung!

Häufig melden sich erwachsene Realisten mit den mahnenden und zweifelnden Worten:

> »Halt! Stopp! So geht das nicht! Muss man nicht manchmal auch selbstkritisch sein?«
> Muss man. Aber nicht jetzt.

»Man kann sich doch nicht nur den ganzen Tag hochpushen!«
Natürlich kann man das.

»Aber das ist doch nicht normal!«
Das stimmt. Das ist nicht normal – das ist spezial!

Versuchen Sie erst gar nicht die perfekte Rede halten zu wollen, wenn in Ihnen das Feuer der Begeisterung nicht brennt. Sie bekommen jetzt die Anleitung, wie Sie mit fünf Schritten die Begeisterung in Ihnen wecken.

überzeugt Ich bin von dem, was ich mache,

Sie müssen in sich die Überzeugung tragen, dass das, worüber Sie sprechen werden, etwas wirklich Wichtiges ist – wichtig für den Augenblick, für die Anwesenden, für die Menschheit, für den Erdenkreis. Auch wenn es pathetisch klingt, das ist kein Ausdruck von Selbstüberschätzung. Prüfen Sie diesen Gedanken nur umgekehrt: Wenn die Rede, die Sie halten wollen, nicht wichtig ist, für Sie bedeutungslos und für die Zuhörer uninteressant, ja was soll dann die ganze Veranstaltung?

Wenn Sie jetzt Bedenken haben, weil Sie sich weder für Ihre Ideen, noch für Ihre Ansichten, noch für Ihre Firma oder gar Ihr eigenes Leben begeistern können, dann haben Sie ein ganz anderes Problem …

Sie müssen absolut beseelt sein von dem Gedanken, dass das, was Sie zu sagen haben, für Sie persönlich, für Ihr Leben, für die Idee, für die Sie stehen, die Sie vertreten, für das Unternehmen, für die Menschen, die Ihnen so wichtig sind, höchst bedeutsam ist. Nur dann – und nur dann – können Sie den folgenden Gedanken lebendig werden lassen:

Ich überzeuge andere von dem,
was mich überzeugt

Es ist doch völlig logisch: Nur dann, wenn Sie selber überzeugt sind, können Sie andere Menschen überzeugen. Wie wollen Sie andere Menschen für Ihre Ideen gewinnen, wenn der Same, den Sie aussäen wollen, noch nicht einmal bei Ihnen selber aufgegangen ist. Andere Menschen zu überzeugen braucht Energie – und diese Energie haben Sie tief in sich. Die Energie der Begeisterung ist eine positive, lebensbejahende Energie. Menschen, die begeistert sind, wollen andere Menschen nicht verängstigen, wollen ihnen keine Drohszenarien vorhalten. Das Überzeugen geschieht durch ihre faszinierenden Worte.

Der Begeisterung zur Seite steht der Glaube. Ist Ihnen schon einmal aufgefallen, welche Ausstrahlung Menschen haben, die über einen starken Glauben verfügen? Eine Mutter Teresa hätte ihr Leben doch nicht ausgehalten, wenn Glaube und Begeisterung Fremdworte für sie gewesen wären.

Begeisterung
WIRD MITGETEILT

Wenn jemand sehr traurig ist, dann kann es sein, dass dieser Mensch sich abkapselt, mit seinem Kummer allein sein will. Ganz anders bei der Freude! Freude und Begeisterung wollen gemeinsam gelebt und gefeiert werden. Dadurch wird Begeisterung eben nicht nur mitgeteilt, sondern auch mit anderen geteilt.

Vielleicht haben Sie am 15. Oktober 2010 verfolgt, wie am Gotthard-Tunnel ein neuer Durchstich für eine Eisenbahnverbindung gelang. Dann haben Sie gehört, wie ein Triumphmarsch erklang, wie Schichtführer Hubert Bär in seiner Rede sagte, wie stolz er auf die neun zurückliegenden Baujahre sei. Die Heilige Barbara wurde durch den Tunnel gereicht und die Schweizer und Graubündener Fahnen geschwenkt. Bravorufe wurden laut, die Mineure fielen sich in die Arme, Champagnerkorken knallten und zum Schluss gab es ein Feuerwerk mit Konfetti. Das ist geteilte Begeisterung!

In Ihnen muss der Wunsch glühen, dass Sie Ihre Begeisterung für eine Sache durch Ihre Rede mit den Zuhörern gerne teilen wollen. Begeisterung ist eine Währung, die sich mühelos verdoppeln lässt.

Begeisterung ist Leidenschaft

Der Höhepunkt der Leidenschaft ist Hingabe: das, was man tut, voller Hingabe zu tun. Wenn Sie mit Ihrer Rede für Ihre Ideen und Ansichten werben, dann wollen Ihre Zuhörer auch diese Leidenschaft spüren, wollen an Ihrer Hingabe teilhaben. Ihre Begeisterungsfähigkeit trägt alle Hoffnungen empor zu den Sternen.

Und ich will Sie an Ihre Kindheit erinnern: Wissen Sie noch, wie begeistert Sie als Kind waren? Wie Sie vor lauter Energie, Neugier und Tatendrang nicht mehr drinnen sitzen wollten, weil Sie Hausaufgaben für eine Form von Freiheitsberaubung hielten? Ja, warum wohl? Weil es direkt vor der Haustür die Welt zu entdecken gab. Mit funkelnden Augen stürzten Sie sich in Ihre Zukunft! Und heute? Was ist aus Ihrer Begeisterungsfähigkeit geworden? Ach, Sie sind jetzt Realist!?

Begeisterung gibt die
Kraft zum Handeln

Und genau darum geht es doch in der perfekten Rede: Ihre Rede hat doch nur dann Sinn, wenn die Zuhörer am Ende Ihrer Rede aufspringen und zur Tat schreiten. Wenn sie wissen, was sie tun **sollen**, und wenn sie wissen, was sie tun **wollen**.

Was für eine Möglichkeit: Diese Kraft überträgt sich vom Redner auf den Zuhörer! Durch Ihre Begeisterung wird es möglich, dass sich Menschen Leistungen zutrauen, die fern ihrer eigenen Vorstellung sind. Ihre Begeisterung ermöglicht es Ihren Zuhörern, Ziele anzustreben, die sie bis zu diesem Augenblick für unerreichbar hielten.

 Es ist möglich: Haut eine Delle ins Universum!

Es ist **NICHT** entscheidend, ob Sie die Wahrheit sagen, es **IST** **ENTSCHEIDEND,** **ob** MAN IHNEN **glaubt**

Machen Sie sich **niemals**
MIT IHREN ZUHÖRERN GEMEIN!

Lassen Sie uns einen ganz simplen Punkt besprechen: In welcher Kleidung sollten Sie als Rednerin oder Redner auftreten? Ganz einfach: immer ein wenig besser angezogen, als der Anlass es vermuten lässt. Bedenken Sie, der Grund Ihrer Rede ist immer ein wichtiger. Entweder für das Publikum – also geziemt es Ihr Respekt, sich dem Anlass entsprechend zu kleiden. Oder es ist eher nur für Sie ein wichtiger Moment – dann sollten Sie allein schon durch Ihre Garderobe zeigen, wie wichtig und feierlich Ihnen dieser Anlass ist.

Damit Sie sich wohl und sicher fühlen, halten Sie bitte die folgende Kleiderordnung ein:

Als Herr wählen Sie eher einen Anzug als eine Kombination, das Hemd lieber weiß als bunt, die Schuhe eher schwarz als braun – die dann nur am Tag – sowie immer schwarze Kniestrümpfe. Krawatten gehören korrekt gebunden zu einem geschlossenen Hemd. (Es gibt würgefreie Krawatten!) Es ist eine gute Schule, auf Bequemlichkeiten zu verzichten. Der Redner legt auch bei größter Hitze das Jackett niemals ab.

Als Dame haben Sie wesentlich größere Möglichkeiten, sich dem Anlass entsprechend zu kleiden. Reduzieren Sie den Schmuck auf ein Mindestmaß. Tragen Sie keine offenen Schuhe, immer Strümpfe und nur wenn Sie sehr, sehr jung sind, dürfen Sie ärmellose Kleidung tragen. Im Zweifel entscheiden Sie sich kleidermäßig für die männliche Linie, und verzichten Sie auf jeden erotischen Anstrich.

Apropos verzichten: Wenn Sie als Deutscher in der Schweiz reden, verzichten Sie auf eine Karriere als Interpret von Schwyzerdütsch, in Wien natürlich auf Versuche, wie ein Kaisertreuer zu reden! Und wenn Sie vor Menschen eher derben Sprachgebrauchs und Lebensstils sprechen, dann passen Sie sich niemals nach unten an! Dasselbe gilt, wenn Sie vor Kindern und Jugendlichen reden: Verzichten Sie unbedingt auf die Übernahme von Begriffen, die nur Ihren Zuhörern gehören – und im Zweifelsfall bleiben Sie auch beim Sie.

SCHAU MIR IN DIE AUGEN, KLEINES!

Für Ihre Wirkung als Redner ist der Blickkontakt zu Ihrem Publikum entscheidend. Sehen Sie sich das Publikum in aller Ruhe und mit großem Interesse an. Schauen Sie den einzelnen Menschen ruhig in die Augen, suchen Sie den Kontakt, schenken Sie den Zuhörern Ihre Worte und Sätze.

Sprechen Sie vor einer kleinen Gruppe, gilt: direkten Blickkontakt zu jeder Person suchen, niemanden vergessen, keinen im Rücken platzieren, immer wieder selber zustimmend nicken, geradezu die Zustimmung einfordern, und wenn Sie können, sprechen Sie einzelne Personen mit Namen an. Dabei dürfen Sie niemals den »Boss« vergessen.

Sprechen Sie vor einer größeren Gruppe, gilt es auch, den Blickkontakt zu halten und zustimmend zu nicken.

Sprechen Sie in einem großen Saal, dann müssen Sie den Blickkontakt »zeigen«! Öffnen Sie die Arme, ergreifen Sie das Publikum. Richten Sie Ihren Blick bis in die letzte Reihe!

Bringen Sie sich um den **Verstand!**

Nicht gleich – bitte, erst einmal lesen! Es ist wirklich beruhigend, dass es einen Punkt gibt, bei dem sich die Rhetoriklehrer von alters her uneinig sind. Das ist der Konflikt in der Frage, was denn nun wichtiger sei für die Überzeugung eines Menschen oder für den Wahrheitsgehalt einer Rede: das Gefühl oder der Verstand?

Mein Eindruck ist, dass man mit aller Macht versucht, zunächst den Verstand über Fakten zu erreichen. Der Beweis soll dem Verstand sagen, dass der Zweifel nicht angebracht ist. Und dann kommt die Steigerung – der schlagende Beweis. Der erschlagende Beweis!

Nach anderer Ansicht trifft der Mensch seine Entscheidungen zu einem extrem hohen Anteil mit dem Gefühl. Hans-Uwe L. Köhler vertritt die Position, dass dieser Gefühlsanteil noch über gewagte 95 Prozent hinausgehen kann.

Ihre Zuhörer

wollen **KEINE** Lösung
DER PROBLEME,

sie wollen nur
den Weg

gezeigt bekommen

Antworten Menschen suchen nach

Das ist wohl schon immer so gewesen – von Beginn an. Die Menschen stellen sich Fragen des Woher und Wohin und suchen Antworten und Orientierung. Dieser nur zu verständliche Wunsch wird immer von Zuhörern an jeden Redner gestellt. Egal, welches Ziel Sie mit Ihrer Rede erreichen wollen oder welche Aufgabe Sie bewerkstelligen möchten, es gibt diesen übergeordneten Zuhörerwunsch.

Die Suche nach Anerkennung

Zuhörer suchen in jeder Rede für sich nach Anerkennung. Sie wollen allein schon dafür Anerkennung, dass sie Ihnen zuhören. Natürlich spüren und wissen das auch viele Redner – und bedanken sich bei den Zuhörern. Das ist Murks! Wählen Sie eine Sprache, die Ihren Zuhörern ständig bewusst macht, dass Sie nur über sie, die Zuhörer, und ihre Bedürfnisse nachdenken. Reden Sie nicht über Wasser, reden Sie über den Durst!

Jeder Wunsch nach Geltung sucht seine Befriedigung. Glauben Sie, nur Sie sind eitel? Ihr Publikum ist es auch. Manche Redner versuchen deshalb, dem Publikum zu schmeicheln. Lassen Sie das! Die bessere Alternative zur Schmeichelei ist die Information. Geben Sie Ihren Zuhörern echte Informationen – und sagen Sie das auch!

Zuhörer suchen die Bestätigung ihrer Ansichten. Ein schwieriges Thema – insbesondere dann, wenn Sie einen Standpunkt vertreten, der von Ihren Zuhörern nicht akzeptiert wird. Hier haben Sie immer zwei verschiedene Möglichkeiten: Entweder, Sie beginnen damit, dass Sie zunächst nach einer Gemeinsamkeit in den Ansichten suchen, und sei dieser Berührungspunkt noch so klein, um dann, in kleinen Schritten, auf Ihren eigenen Punkt hinzuführen. Ob Sie das jetzt sokratische Ja-Straße nennen oder nicht, ist völlig egal. Sie müssen gedanklich langsam arbeiten, um niemanden zu verlieren.

Die Alternative heißt: sich sofort in den Gegensatz zu begeben. Natürlich haben Sie dann mit einem enormen emotionalen Widerstand zu kämpfen. Und genau das sollten Sie dann auch sagen: »Wir sind nicht einer Meinung – doch ich werde alles unternehmen, Sie zu überzeugen, wenn Sie erlauben …«

Die Beruhigung von Zukunftsängsten

Vergessen Sie niemals: Ihr Publikum hat Angst. Natürlich nicht ständig. Aber unter einer dünnen Schicht der Zuversicht lauert die Angst davor, was morgen ist. Sie bezweifeln das? Keine Publikumszeitschrift kann es sich leisten, auf ein Horoskop zu verzichten. Natürlich liest das niemand – außer Ihnen und mir.

Diese »Angst vor der Zukunft« ist der Grund, weshalb die Regel gilt, in einer Rede einen relativ großen Anteil von »Bekanntem« anzusprechen. Wenn Sie trotzdem einen Vortrag halten, der ausschließlich aus neuen Informationen besteht, brauchen Sie ein sehr junges Publikum, um zu bestehen. Doch mit jedem Lebensjahr mehr wird Ihre Zuhörerschaft ängstlicher. Nur wenn Ihr Publikum auch Bekanntes hört, wird es Ihnen folgen.

Die Fernsehmoderatorin Nina Ruge beendete ihre Sendung immer mit dem Spruch »Alles wird gut!« – ein wunderbares Ende. Es wäre allerdings unmöglich, eine Sendung genau mit diesem Versprechen zu beginnen. Führen Sie Ihre Zuhörer immer in kleinen Schritten vom Schlechten zum Guten. Präsentieren Sie nicht sofort die Lösung. Gehen Sie dabei langsam vor. Und wann immer die Gelegenheit sich ergibt, »suhlen« Sie sich in Ihren Argumenten!

Wenn Sie meinen, für Ihre Rede sei die Präsentation der Lösung bereits zu Beginn richtig und wichtig, dann berücksichtigen Sie bitte, dass Sie wahrscheinlich mehr Energie brauchen als beim umgekehrten Weg.

Im Folgenden biete ich Ihnen einen Fächer an weiteren Beispielen, welche Bedürfnisse Ihrer Zuhörer Sie in Ihrer Rede versuchen sollten zu befriedigen.

Die Befriedigung der
STÄNDIGEN NEUGIER

So präsent die Angst vor der Zukunft ist, so groß ist die Gier nach Neuem und Schlechtem. Mit Verlaub, davon leben Zeitungen, Radio- und Fernsehsender ohne Ende! Immer wieder hat man versucht, ganze Zeitungen oder Nachrichtensendungen ausschließlich mit positiven Nachrichten zu füllen – will keiner lesen oder hören. Haben Sie also den Mut, in Ihrer Rede durchaus schlechte Nachrichten zu verwenden!

Die Suche nach
ANLEHNUNG UND KONTAKT

Es gibt den Wunsch des mentalen Kuschelns. Großereignisse wie Fußballspiele, Olympische Spiele, Weltmeisterschaften und Popkonzerte führen zwangsläufig zu einer Stärkung des Gefühls, nicht allein, sondern »dabei zu sein«. Deshalb: Haben Sie nie Angst vor der großen Gruppe. Achten Sie immer darauf, dass es keine leeren Stühle gibt, keine toten Räume, wenn Sie reden. Schaffen Sie eine erträgliche Enge, und Ihre Zuhörer fühlen sich wohl.

Der Erwerb von
Besitz

Sie sollen mit Ihrer Rede keinen »Nutzen« bieten – das wäre viel zu wenig. Machen Sie Ihre Zuhörer reich! Entwickeln Sie Ihre Gedanken so, dass sie wie kleine Geschenke eingepackt sind, leicht transportabel und schwer im inhaltlichen Gewicht.

Der Wunsch nach
BEQUEMLICHKEIT

Ein großer Teil menschlichen Verhaltens entspringt dem Wunsch, bequem zu leben. Rolltreppen und Fahrstühle sind nur zwei Beispiele für die Bequemlichkeit der Menschheit. Auch Klettverschlüsse sind bequem – jedenfalls bequemer als Bänder und Ösen. Und die Mikrowelle ersetzt umständliches Kochen, die Waschmaschine das Schrubben mit der Hand. Diese Aufzählung könnte ein ganzes Buch füllen …

Für Ihre Rede lässt sich eine ganz einfache Empfehlung geben: Machen Sie es Ihren Zuhörern »bequem«, damit sie Ihnen gedanklich gut folgen können.

Die Sehnsucht nach
Liebe

Ich bin sehr sicher, dass kein menschliches Gefühl so groß ist wie die Sehnsucht nach Liebe. Und ich bin genauso sicher, dass der »Durst« nach Liebe unstillbar ist. Also ist es doch lohnenswert, in der Vorbereitung Ihrer Rede darüber nachzudenken, welcher Aspekt des von Ihnen zu besprechenden Themas etwas mit der Liebe zu tun hat.

DIE PERFEKTE REDE

ist eine Mischung

aus Sex UND Macht

beste Der Erzählstil der Welt

Stellen Sie sich vor, Sie hören einem Weltumsegler bei seinem Diavortrag zu. Sie sehen ein riesiges blaues Bild mit glatter See – und hören den folgenden Text: »Tja, und da lag ich mit meinem Segelboot 14 Tage lang in einer Flaute. Mein Funkgerät war kaputt, mein Wasservorrat neigte sich dem Ende zu, ich sah keine Wolke am Himmel, meine Zunge klebte mir am Gaumen, und dann hätte mich beinah auch noch dieses Schiff überrollt und versenkt, ich kam mir so klein und elend vor …«

Wie gefällt Ihnen dieser Text? Wollen Sie wirklich wissen, wie es weiterging? Oder denken Sie: Ja, warum hat der denn keinen Flautenschieber dabei? Wieso nimmt der nicht mehr Wasser mit? Und warum ist er alleine unterwegs, was will der da? Hat der kein GPS dabei, und wieso passt er auf den Tanker nicht auf?

Und nun hören Sie sich die Geschichte noch einmal an: »Stellen Sie sich vor, Sie sind mit Ihrem Boot seit 14 Tagen in einer Flaute gefangen, mitten im Pazifik, Sie haben seit Tagen keine menschliche Stimme mehr gehört, weil Ihr Funkgerät ausgefallen ist, Ihr Wasservorrat geht dramatisch zur Neige, wenn es nicht bald regnet, droht Ihnen der Tod durch Verdursten – und das mitten im Meer. Sie sind so fertig, dass Sie kaum noch spüren, wie Ihre Zunge an Ihrem Gaumen klebt – und dann taucht plötzlich eine schwarze Wand vor Ihren Augen quer zur Fahrtrichtung auf, und Ihnen wird schlagartig klar, dass Sie beinahe von einem riesigen Containerschiff versenkt worden wären – und niemand hätte von Ihrem Schicksal erfahren. Von Ihnen bliebe nur eins: Verschollen!«

Und? Wie finden Sie diese Geschichte? Die hat Sie berührt und Ihre Vorstellungskraft maximal mobilisiert! Der Grund ist einfach: In der ersten Geschichte kommen die Worte »ich« dreimal, »mein« viermal und »mir und mich« weitere dreimal vor. Zehn Egotrips in so einer Ministory! In der zweiten Erzählung dagegen findet sich kein einziges »Ich«, dafür sechsmal »Sie« und weitere achtmal »Ihnen«, »Ihrem« und »Ihr«.

Für eine Spitzenrede gilt: Wann immer es möglich ist, verzichten Sie auf die Worte »ich«, »mein«, »mir« und »mich« und bauen Sie Ihre Aussagen um, indem Sie die Anredeform »Sie«, »Ihr« und »Ihnen« verwenden.

Vielleicht kommt Ihnen jetzt in den Sinn, dass man doch auch Ich-Botschaften senden sollte. Natürlich ist es besser zu sagen: »Ich habe Hunger« als zu fragen: »Wann gibt es etwas zu essen?« Diese Form der Ich-Botschaft gilt als ganz generelle Empfehlung für die zwischenmenschliche Kommunikation – jedoch nicht für die Rede.

Wie Sie Ihre Zuhörer bewegen

Mancher Redner wünscht sich, dass sein Publikum aktiv oder aktiver ist. Und es gibt wirklich manchmal die Situation, dass zwischen dem Redner und dem Publikum eine große Distanz herrscht. Die Gründe dafür können ganz unterschiedlich sein.

Ich sprach einmal vor einer Belegschaft, die, bevor sie lachte, immer erst einmal schaute, ob der Chef lachte. Wenn das so war, dann lachten die Leute auch ... Das Unternehmen gibt es heute nicht mehr.

Kleine Exkursion: Was können Kinder nicht? Richtig. Still sitzen. Und was können Erwachsene nicht? Richtig. Hüpfen – das hat man ihnen abgewöhnt. Was bedeutet für Sie motivieren? Richtig – etwas in Bewegung bringen. So, und nun zurück zum Publikum.

Wenn Sie Ihr Publikum motivieren wollen, dann müssen Sie die Leute »bewegen« – sie also etwas tun lassen. Das Einfachste ist, Sie bitten das Publikum aufzustehen und dann …

Genau, was dann? Ich kenne einen Moderator, der es sich angewöhnt hat, zu Beginn einer Tagesveranstaltung die Teilnehmer aufzufordern, sich mit seinen Nachbarn links und rechts sowie vorne und hinten bekannt zu machen. Manche Redner verstecken auch etwas unter jedem Stuhl – einen Ballon oder eine Botschaft. Wenn es das Thema unterstützt, kann man das machen. Ein anderer Moderator schießt nach der Mittagspause riesige Bälle ins Publikum und lässt die Leute damit spielen …

Interessant ist die Beobachtung, dass tatsächlich die Stimmung steigt, wenn die Leute etwas getan haben. Man hört deutlich begeistertes Murmeln, das sich häufig in spontanem Applaus ausdrückt.

Beachten Sie bitte, dass jede Aktion direkt und unmittelbar mit Ihrem Thema und Ihrer Rede im Zusammenhang stehen muss. Es ist einfach so, dass heute jeder x-beliebige Redner sein Publikum bittet, irgendwas zu tun. Das nutzt sich ab.

Menschen wollen
fasziniert und gefesselt werden

Sie werden immer dann eine perfekte Rede halten, wenn Sie eine bewegende Rede halten. Und bewegend ist eine Rede immer dann – und nur dann –, wenn sie etwas ganz Persönliches von Ihnen erzählt. Dass Sie ein toller Hecht sind, super erfolgreich, sich vor Liebespartnern nicht retten können, alles wissen und können, alles, alles, alles – ist ein Dreck gegen Ihre wahre Geschichte!

Jetzt erzähle ich Ihnen von Dr. Robert H. Schuller, dem amerikanischen Fernsehprediger, der jeden Sonntag bis zu 30 Millionen Zuschauer hat! Vielleicht haben Sie ja einmal das Glück, seine Sendung »The Hour of Power« zu erleben. Schuller redet und predigt nicht wie Knäckebrot, sondern wie saftiges Schwarzbrot. Schuller erzählt in seinem Buch »Meine Lebensreise« am Ende eine kleine Geschichte, und in ihr werden Sie erkennen, wie man Enthusiasmus in eine Rede bringt.

»Wenn ich groß bin, will ich Prediger werden«, sagt ein kleiner Junge zu Schuller und schließt die Frage an: »Kann ich das wirklich schaffen?« Schuller antwortet: »Hör zu: Ich wurde am Ende eines Feldweges geboren, der keinen Namen und keine Nummer hatte – mitten in einer Flutkatastrophe. Von nirgendwoher kann man überall hinkommen!« – »Wie macht man das denn?«, fragt der kleine Junge weiter. »Indem man bis an den Rand geht«, antwortet Schuller. Und dann spricht Schuller einen Text, den er häufig in seinen Predigten zitiert*:

> »Komm an den Rand!«, sagte Gott.
> »Da draußen ist es gefährlich«, gab ich zur Antwort.
> »Komm an den Rand!«, wiederholte Gott.
> »Aber ich könnte hinabfallen!«
> »Komm an den Rand!«, entgegnete Gott erneut.
> Also tat ich es.
> Und er stieß mich!
> Und ich flog!

Hier erzählt jemand, dass er Angst kennt, dass er in seinem Leben den »Rand« erfahren hat. Sagen wir nicht sprichwörtlich: »jemanden an den Rand der Verzweiflung bringen«? Wenn jemand eine Grenzerfahrung gemacht hat und dadurch eine neue Form von Freiheit findet, dann ist das die Grundlage für eine großartige Geschichte.

---

* Aus: Robert H. Schuller: Meine Lebensreise, Gerth Medien GmbH, Asslar, 2004

Warum bewegt der Dalai Lama die Menschen? Weil er ein Flüchtling ist. Man hat ihm sein Land genommen! Er steht als Person allein gegen China. Und China hat Angst! Ist das nicht eine großartige Erkenntnis für die gesamte Menschheit, dass ein ganzer Staat, mit über einer Milliarde Menschen, sich vor einem einzigen Mann fürchtet, der mit bloßen Armen seine Verletzlichkeit, seine Nacktheit, seine Armut zeigt und damit auf seinen tatsächlichen Reichtum hinweist? Übrigens, der Dalai Lama liebt trotzdem Luxushotels. Ich finde, das drückt pure Lebensfreude aus und ist dann auch wieder größter Humor.

Ganz anders Papst Benedikt XVI., der dennoch auch die Menschen bewegt. Ein intellektueller Kirchengelehrter mit einem strengen Verstand. Er wirkt zart und beinahe verletzlich und bleibt doch hart in seinen Überzeugungen. Diese Gegensätzlichkeit wird gerade von jugendlichen Zuhörern als Orientierungshilfe verstanden. Er bietet einen strengen Rahmen, der genussvoll als Lebenskonzept angenommen wird. Oder Papst Johannes Paul II., der von der Last seines Amtes am Ende regelrecht erdrückt wurde – das hat die Menschen bewegt, nicht der Rosenkranz!

Ist Ihnen schon einmal aufgefallen, wie Menschen unter einer Bürde wachsen? Viele Menschen mit einer Bürde finden den Zugang zur Würde. Achten Sie einmal darauf!

Wenn Sie Menschen faszinieren wollen, dann müssen Sie nach den Brüchen und Widersprüchen in sich selber suchen! Haben Sie davor keine Angst! Es schwächt Sie nicht!

 Eitelkeit und Selbstüberschätzung lassen jeden Redner scheitern.

Was einem alles passieren kann II

Die Geschichte klang einladend gut und verlockend: »Herr Köhler, ich fahre mit meinen Topverkäufern im Glacier-Express nach Zermatt. Dort sind wir in einem schönen Hotel, und nach dem Abendessen wäre es doch toll, wenn Sie als Überraschungsgast einen After-Dinner-Speech halten würden!« Eitel, wie man so sein kann, antworte ich: »Natürlich! Tolle Idee!« Also bin ich an dem entsprechenden Tag nach Zermatt gefahren, habe im Hotel auch direkt den Kunden getroffen und war in bester Laune. Ein kurzer Blick in den Saal zeigte, dass alles in Ordnung schien. Und jetzt kommt es: Zwei Minuten vor meinem geplanten Auftritt tritt von hinten eine Mitarbeiterin auf die Bühne und trägt ein Gedicht vor, das von den inzwischen angeheiterten Anwesenden mit jeweils lautem »Tötö! Tötö! Tötö!« bejubelt wird. Das Gedicht – mit karnevalistischem Hintergrund – rechtfertigte dieses Gejohle durchaus. Spätestens jetzt hätte ich »Stopp!« rufen müssen. Aber das Verhängnis nahm seinen Lauf. Der Chef geht auf die Bühne und kündigt Hans-Uwe L. Köhler als Überraschungsgast an. Quittung: »Tötö! Tötö! Tötö!« Nun gehe ich selber auf die Bühne und versuche mein Glück. Ergebnis: »Tötö! Tötö! Tötö!« Nach wenigen Minuten breche ich ab. Dem Kunden erspare ich die Rechnung und mir die peinliche Begründung, warum ich dafür auch noch Geld haben will.

Prüfen Sie also jedes Redeangebot exakt auf seine Durchführbarkeit und versteckte Tretminen. Zu den Tretminen gehören ein alkoholisiertes Publikum, ein falscher Anlass, ein nicht wirklich erkannter Zusammenhang von Anlass und Redeinhalt und eben solche Granateneinschläge wie das Kippen einer Veranstaltung durch einen Karnevalsbeitrag. Kleine Warnung: Je besser Sie als Redner sind, umso größer die Gefahr der Selbstüberschätzung.

LAMPENFIEBER
und das Spiel der Macht

Die folgende Szene haben Sie bestimmt schon einmal erlebt oder beobachtet: In einer Runde von Menschen werden Geschichten, Anekdoten und Witze erzählt. Ein Wort gibt das andere und die Runde unterhält sich aufs Beste. Wenn Sie jetzt beispielsweise einen dieser Erzähler bitten, sich doch einmal kurz zu erheben und einen Witz allen Gästen in diesem Raum zu erzählen, dann können Sie oft sehen, wie jemand im Gesicht rot anläuft, ins Stottern gerät, auch noch seine Pointe versemmelt – kurz und gut, aus dem selbstsicheren Erzähler am Tisch ist nun ein stehendes Häufchen Elend geworden.

In dem Augenblick, in dem man vor einer Gruppe von Menschen steht und allen etwas erzählen soll, beansprucht man die ungeteilte Aufmerksamkeit aller. Doch es geht gar nicht nur um die Aufmerksamkeit – es geht auch um Macht!

Wer vor einer Gruppe steht oder das Mikrofon hat, mit der Kreide an der Tafel steht, den Filzschreiber am Flipchart ergreift, den Klicker für die PPP verwendet, der beansprucht Aufmerksamkeit, der will etwas sagen, der glaubt, etwas sagen zu können. Und das, was er sagen will, ist wichtiger als jeder andere Redebeitrag. Das ist zunächst einmal die Grundlage für Macht schlechthin.

Es ist dabei allerdings nicht entschieden, ob man Ihnen diese Macht auch zugesteht. Gehen wir gemeinsam einmal vom einfachsten Fall aus: Das Publikum signalisiert Ihnen, dass man Ihrer Rede zuhören wird; das kann durch Schweigen, aufmunternde Blicke oder auch einen zustimmenden Applaus geschehen. Doch die spannende Frage lautet: Wie lange hält diese Zustimmung an?

Geben Sie sich keiner Illusion hin: Innerhalb von Sekundenbruchteilen können Sie alles verlieren: Zustimmung, Geduld, Faszination – alles kann verloren und zerstört sein, Sie müssen nur einen kleinen Fehler begehen. Dieser kleinste aller Fehler ist gleichzeitig auch der häufigste: Redner unterschätzen ihr Publikum!

Seien Sie versichert, Hans-Uwe L. Köhler hat im Laufe seiner Karriere eine ganze Reihe von Niederlagen erlebt, doch keine, die dadurch zustande kam, dass er sein Publikum unterschätzt hat. Ich habe einen ganz simplen Glaubenssatz verinnerlicht: Ich gehe immer davon aus, dass in jedem Publikum mindestens ein Mensch sitzt, der deutlich mehr von dem Thema versteht als ich, obwohl ausgerechnet ich dieses Thema jetzt behandeln werde.

Was passiert wohl in einer Manege, wenn der Dompteur stolpert? Genau. Die Raubtiere fallen über ihn her. Aus. Ende. Vorbei. Für Sie als Spitzenredner gilt: Wenn Sie auch nur einen Fehler machen, werden Sie von den Raubtieren im Publikum zerrissen.

Was einem alles passieren kann III

Es war ein Samstag in der Stadthalle von Attendorn. Zehn Unternehmen hatten zu einer Gemeinschaftsveranstaltung eingeladen, um ihre Mitarbeiter für die Einführung von kontinuierlichen Verbesserungsprozessen zu motivieren. Köhlers Aufgabe bestand darin, genau diese Begeisterung bei den etwa 2000 Zuhörern loszutreten. Geplant waren zwei Redeblöcke von jeweils 70 Minuten. Und dann geschah nach etwa 45 Minuten etwas völlig Unerwartetes: Im hinteren Drittel des Saales stand auf einmal eine Reihe von acht Männern auf – und verließ den Saal. Ich war völlig irritiert. Was war los? Hatte ich etwas gesagt, was die Leute verärgert hatte? Würden weitere Leute gehen? Während mir diese Fragen wie Panikblitze durch den Kopf schossen, ohne dass ich eine schlüssige Antwort finden konnte, sprach ich natürlich weiter. Nachdem aber keine weiteren Personen den Saal verließen, entspannte ich mich ein wenig. Etwa zehn Minuten später ging die Tür auf – und die acht Männer kamen zurück! Nun war ich völlig ratlos. Endlich war Pause. Da ich mir die Reihe gemerkt hatte, ging ich zu dieser Gruppe und fragte, was denn los gewesen sei. »Also, Ihr Vortrag, prima. Wirklich. Dat is nur so: Wir waren eine rauchen!«

TRITT KECK AUF!

MACH'S MAUL AUF!

HÖR BALD AUF!

(Martin Luther)

Beginnen Sie mit einem **Regelbruch!**

Es ist nicht schwer, sich über Rhetorik zu informieren. Allein bei Amazon finden Sie mehr als 16 000 Empfehlungen für Literatur zu diesem Thema. In den meisten dieser Bücher werden Regeln aufgestellt, die für eine erfolgreiche Rede erforderlich sind. Wenn Sie allerdings aus der Reihe der 08/15-Redner ausbrechen wollen, müssen Sie den Mut haben, ganz gezielt gegen Regeln zu verstoßen.

Und hier gleich die erste Idee dazu: In wahrscheinlich jedem Rhetoriklehrbuch finden Sie den Hinweis, zu Beginn des Vortrags das Publikum zu begrüßen. Bei der Begrüßung von einzelnen Personen sei weiterhin zu beachten, sie in der Reihenfolge ihrer Wichtigkeit zu erwähnen. Ich halte dies – jedenfalls außerhalb des normalen Redestandards – für Unsinn. Fangen Sie stattdessen sofort mit Ihrer Rede an. Punkt.

Keine Ausnahmen? Doch, es gibt Ausnahmen. Wenn Sie in Gegenwart des Bundespräsidenten oder des Papstes reden, dann sollten Sie beiden durch eine Begrüßung Ihren Respekt erweisen – und mich informieren, denn diese Rede von Ihnen will ich hören!

SOFORT ZUR SACHE!

Wie beginnt ein Blockbuster? Mit einer gewaltigen Explosion! Und dann folgt eine langsame Steigerung. Das Muster aller James-Bond-Filme. Daran können Sie sich ein Beispiel nehmen.

Eine gelungene Eröffnung

Mein Auftrag lautete: Machen Sie unseren Verkäufern mal richtig Dampf! Also kaufte ich eine Packung des größten Konkurrenzproduktes, nahm den Karton unter den Arm und betrat nach der Ankündigung durch den Verkaufsleiter den Saal. Vorne angekommen, stellte ich den Karton auf das Rednerpult und sah das Publikum ganz ruhig an. In einigen Augen war Spott zu sehen: Ha, falsches Produkt! Und dann kam mein Eröffnungssatz: »Wenn Sie glauben, dass das hier Ihr größter Gegner ist, dann täuschen Sie sich. Der größte Verhinderer Ihres Verkaufserfolges sitzt genau auf Ihrem Stuhl!« Das saß.

Oder an der BILD-Zeitung. Man muss sie nicht mögen – bewundern reicht! Die BILD-Zeitung hat kaum Abonnenten. Die meisten kaufen sie täglich, und aktuell hat sie etwa drei Millionen Leser! Um den Kaufimpuls zu setzen, verwendet die BILD-Zeitung die Schlagzeile. Am 20. April 2005 titelt die BILD: »Wir sind Papst!« So einfach ist das. Weder die BILD-Zeitung noch eine andere Zeitung würde erst einmal schreiben: Herzlichen Dank, lieber Leser, dass Sie uns heute gekauft haben. Wir haben weltweit nach Nachrichten gesucht und hoffen sehr, auch für Sie etwas gefunden zu haben.

Die Schlagzeile muss eine solche Energie haben, dass die Menschen im Vorbeigehen stoppen und die Entscheidung treffen: Das will ich wissen! Und der männliche Leser wird auch noch auf der Unterseite der Titelseite mit einem erotischen Model belohnt – sex sells! Diese Mechanismen funktionieren – und nur darum geht es.

Natürlich möchte ich Sie hiermit nicht ermuntern, nackte Girls in Ihre Präsentation einzubauen. Es sei denn, nackte Girls haben etwas mit Ihrem Thema zu tun.

In der Schweiz verbrennt man kein Geld

Köhler hielt einen Vortrag über die Vergänglichkeit der Zeit. Der Vortrag fand in Zürich statt. Ohne ein Wort zu sagen, stand er auf der Bühne, zog einen Zehn-Franken-Schein aus der Jackentasche, nahm ein Feuerzeug und zündete den Schein an. Er sagte: »Geld können Sie sich wieder beschaffen – doch die Sekunden, die bei diesem kleinen Feuer verronnen sind, sind unwiederbringlich verloren!« In der Schweiz Geld zu verbrennen – das ist der Bruch eines Tabus, Blasphemie, schiere Gotteslästerung, schafft aber hundertprozentige Aufmerksamkeit.

SAGEN SIE NIE,
was Sie wissen oder noch hätten sagen können

Sie disqualifizieren sich als Spitzenredner immer, wenn Sie sich entschuldigen! Sagen Sie deshalb lieber nicht:

- Es tut mir leid, aber die Vorbereitungszeit war so knapp.
- Ich bin offen gestanden überhaupt nicht vorbereitet.
- Ich hätte noch so viel sagen können!
- Das Thema ist ja viel umfassender, als man meinen könnte.
- In der Kürze der Zeit lässt sich das sowieso nicht alles besprechen.

Verlieren Sie kein Wort über das, was Sie wissen! Lassen Sie keinen Rückschluss über Ihre Allgemeinbildung zu! Verwenden Sie Fremdworte sparsam! Ein guter Koch verwendet die Gewürze in einer Menge, um die geschmackliche Besonderheit einer Speise herauszuarbeiten. Ein Amateurkoch gibt so viel Chili in die Suppe, dass die Mundschleimhaut verbrennt – das ist dann zwar scharf, aber ohne Genuss. Dann sollten Sie besser gleich Dynamit kauen!

Sie sind allerdings gut beraten, wenn Sie ständig an der Erweiterung Ihres Wortschatzes arbeiten. Zum Nachdenken: Der Duden »Die deutsche Rechtschreibung« umfasst etwa 130 000 Stichwörter. Selbst wenn behauptet wird, dass der Wortschatz des ehemaligen Bundeskanzlers Konrad Adenauer in seinen Reden nicht über 1000 Worte hinausging, entbindet Sie das nicht von der Pflicht, am ständigen Ausbau Ihres Wortschatzes zu arbeiten. Gewöhnen Sie sich an, sofort im Lexikon oder bei Wikipedia nachzuschauen, wenn Ihnen ein unbekannter Begriff begegnet!

Für den Spitzenredner ist es wichtig, eine bunte und facettenreiche Sprache einzusetzen. Sie könnten sich zum Beispiel angewöhnen, immer dann, wenn Sie einen Text oder einen Brief verfasst haben, mit dem Thesaurus-Programm nach Wort- und Begriffsvarianten zu suchen.

Die kürzeste »Rede« der deutschen Geschichte

»Wir sind zu Ihnen gekommen, um Ihnen mitzuteilen, dass heute Ihre Ausreise ...« – den Rest hat die Welt nicht mehr gehört, weil im frenetischen Jubel Tausender DDR-Bürger die Worte untergingen, die der damalige Außenminister Hans-Dietrich Genscher in der deutschen Botschaft zu Prag am 30. September 1989 sprach.

SCHLUSS ist Schluss

Folgt man der Empfehlung Luthers, dann sollte man seine Rede kurz halten. Dem stimme ich so nicht zu. Auch der Satz »Man kann über alles reden, nur nicht über 20 Minuten!« ist, gelinde gesagt, ungeprüfter Unsinn und gilt, wenn überhaupt, nur für schlechte

Redner. Als Spitzenredner jedoch ist es Ihr Ziel, die Zuhörer zu fesseln – und dabei sollten diese die Zeit vergessen. Sie waren dann gut, wenn der Saal ruft: »Och, schon vorbei?« Also, reden Sie so lange, wie Sie den Spannungsbogen halten können!

Aber auch wenn Sie in der Dauer Ihrer Redezeit frei sind, sollten Sie aus Ihren Zuhörern keine Gefangenen machen. Beispiel gefällig? Ein Firmeninhaber lädt seine Mitarbeiter zu einer Firmenjubiläumsfeier ein. Um 17.30 Uhr beginnt der Chef mit seiner Begrüßungsrede, in der er mehrmals auf einen besonderen Redner hinweist, der im Anschluss sprechen würde. Die Begrüßungsrede dauerte geschlagene 90 Minuten – und niemand traute sich zu gehen! Wollen Sie wissen, was Köhler, der angekündigte Redner, tat? Ich verkürzte meine Rede um mehr als die Hälfte. Mein Honorar dagegen wurde nicht gekürzt.

Den Zeitpunkt des Schlusses sollten Sie knapp **vor** das angekündigte Ende setzen. Überziehen Sie niemals die Zeit. Das ist nicht nur unhöflich, sondern disqualifiziert Sie auch noch als Spitzenredner.

Vorsicht Falle: In manchen Regelwerken zum Aufbau einer Rede wird empfohlen, am Schluss noch einmal zusammenzufassen. Finger weg davon! Machen Sie das nicht! Sie zerreden Ihre Rede – eine gute Rede hat ein klares Ende. Doch vielen Rednern macht der Schluss große Probleme. Sie kommen nicht auf den Punkt. Sie heben wie ein Flugzeug ab, drehen eine Runde und setzen zur Landung an, um dann erneut durchzustarten, eine kleine Wissenskurve zu fliegen und den nächsten Landeanflug zu beginnen. Der einzige Effekt dabei ist, dass Kerosin verbraucht wird. Im Extremfall kommt es zum Absturz. Das ist in der Rede nicht anders.

Selbst der Schluss ist noch ein AUFREGER

Für den Beginn einer Rede lautet meine Empfehlung – wie bereits ausgeführt –, mit einer Provokation zu beginnen. Am Schluss einer Rede ist so etwas auch machbar.

Hier ein Beispiel: Einen Vortrag zum Thema »Erfolgsregeln« habe ich mit einem speziellen Schluss versehen. Er endet mit der folgenden Sentenz: »Zum Schluss erlauben Sie mir noch zwei Bemerkungen. Wenn in dem eben Vorgetragenen ein Satz dabei war, der Ihnen gefallen hat, bei dem Sie dachten, och, der Köhler ist doch ein netter Kerl – möchte ich mich für diesen Satz ausdrücklich entschuldigen. Bei einer freien Rede kann so etwas schon mal herausrutschen. Wenn Sie hingegen einen Satz gehört haben, der Sie innerlich empört, der Sie geärgert hat, der Ihnen jetzt noch quer im Hals steckt, wenn ich Sie mit einem Satz verletzt, Ihnen weh getan oder sogar Ihren Zorn hervorgerufen habe – dann war dieser Satz mein ganz persönliches Geschenk an Sie; diesen Satz hätten Sie sich aufschreiben sollen!«

TÖDLICH: Hat noch jemand eine Frage?

Zu den »tödlichen« Schlüssen gehört: »Hat noch jemand eine Frage?« Was passiert?

Variante I: Es hat niemand eine Frage. Also bleibt von Ihrem Vortrag als Schlussimpuls der Eindruck gähnender Leere.

Variante II: Es fragt jemand knapp und klar nach. Das bedeutet, dass Sie Ihren Vortrag nicht richtig aufgebaut haben und das Publikum denkt: »Stimmt, da hat er überhaupt nichts zu gesagt – kannst du mal sehen, wer weiß, was der Redner noch vergessen hat.«

Variante III: Statt einer Frage hält jemand ein Schlussreferat und präsentiert seine eigene Geschichte und Erfahrung. Das ist das Schlimmste, was Ihnen passieren kann. Fast!

Dass es noch schlimmer geht, zeigt folgendes Beispiel: Auf einem Kongress für Computertechnologie hält ein junger Professor einen wirklich überzeugenden Vortrag. Die Moderatorin stellt im Anschluss an den Vortrag die Frage: »Hat noch jemand eine Frage?« Zunächst Stille – nach kurzem Zögern kommt keine Frage, sondern eine eher zustimmende Erklärung, die dann zu einem Dialog zwischen Fragesteller und Redner führt. Nach zwei Minuten beginnt der Saal sich zu leeren. Als die Moderatorin schlussendlich den Redner noch mit einem Geschenk bedenken will, waren 90 Prozent der Zuhörer bereits gegangen. Schade!

Zerstören
Sie NICHT Ihr Werk!

Sie können eine noch so gute Rede halten, mit den folgenden fünf Sätzen machen Sie alles wieder kaputt. Es sind die Klassiker, die jeden Schluss verhunzen:

- Meine Damen und Herren, das war's!
- Ich danke Ihnen für Ihre Geduld.
- Es tut mir leid, dass in der Kürze der Zeit nicht alles angesprochen werden konnte.
- Entschuldigen Sie bitte, dass es doch so lange gedauert hat!
- Ich danke Ihnen für Ihr Interesse.

Im Fernsehen können Sie bei vielen Comedians Folgendes beobachten: Kaum ist der letzte Buchstabe aus dem Mund, wird schon ein lautes »Dankeschön!« hinterhergeknallt! Ja, wofür bedankt sich da jemand? Dass die Leute geblieben sind? Ihn nicht mit faulen Eiern beschmissen haben? Oder gilt der Dank dem erhofften

Applaus? Also, bedanken Sie sich niemals unmittelbar nach Ihrer Rede. Warten Sie doch erst einmal ab. Und wenn Sie tatsächlich freundlicher oder sogar tosender Beifall erreicht, dann genießen Sie das erst einmal. Und bleiben Sie bescheiden!

✗ Unbestritten ist der Schluss Ihrer Rede ein verdammt wichtiger Punkt!

Einige Ideen für einen GUTEN SCHLUSS

Fordern Sie Ihre Zuhörer zu einer Handlung auf! Aus Ihrer Rede muss so viel Energie entstehen, dass die Menschen den Wunsch haben, endlich etwas tun zu können und auch zu wollen. »Entscheiden Sie sich für die Zukunft! Wählen Sie …!«

Schließen Sie Ihre Rede mit einem persönlichen Bekenntnis. Nichts berührt Ihre Zuhörer so sehr wie eine ganz intime Aussage. »Mich hat es tief bewegt, als ich selber das erste Mal spürte, was Vertrauen wirklich bedeutet!«

Geben Sie den Menschen Anerkennung! Das ist häufig der einfachste und vielleicht auch der schönste Schluss. »Jetzt ist Ihnen allen klar, wo die Chancen für eine erfolgreiche Unternehmung liegen – Sie werden die richtige Entscheidung treffen!«

Kleine Reden lassen sich häufig mit einem Toast schließen. Dazu brauchen Sie immer zwei Dinge: ein gefülltes Glas mit einem Getränk und das zauberhafte Wörtchen »auf«.

»Auf das Brautpaar!« »Auf die Zusammenarbeit!« »Auf unseren gemeinsamen Erfolg!«

Wenn sich Ihre Rede mit den Schwierigkeiten der Zukunft auseinandersetzt, dann empfiehlt sich unbedingt ein versöhnlicher Schluss, der Mut macht. »Uns allen ist jetzt die Zukunft ein Stückchen klarer, der Weg vor uns deutlich erkennbar, mögliche Stolpersteine sind markiert, die zu tragenden Lasten klug verteilt und deshalb gibt es jetzt kein Zögern mehr!«

Wenn Sie Ihren Aussagen zum guten Schluss noch richtig »Gewicht« geben wollen, dann kann hier ein Zitat wirklich Gutes tun. Doch Vorsicht: Das Zitat muss punktgenau zum Thema passen, präzise vorgetragen werden und von einer unangefochtenen Autorität stammen. Sagen Sie niemals: »Wie ein berühmter Dichter schon sagte …« Das ist Gelaber! Besser: »Auch Professor Kopflos von der honorigen Goethe-Universität in Uppsala stellte bereits 1995 in einem aufsehenerregendem Beitrag für die amerikanische Expertenrunde ›The Science of Future‹ fest, dass …!« Mehr Gewicht und Kompetenz können Sie nie in einen einzigen Satz packen.

Redezeit – wie lang?

Redezeit und Pausen müssen genau überdacht sein – und haben dennoch manchmal ganz praktische Gründe. Wahrscheinlich liegt die maximale Redezeit bei etwa 90 Minuten – die Blasen Ihrer Zuhörerinnen und Zuhörer lassen eine längere Redezeit nicht zu. Natürlich versuchen Veranstalter bei Kongresstagungen einen vernünftigen Rhythmus zu finden. So entstehen dann Redezeiten von jeweils 45 Minuten, weil das in Summe wiederum die praktischen 90 Minuten ergibt. Sie müssen sich als Redner entscheiden: Entweder Sie kriegen die 45 Minuten hin – durch Streckung oder Kürzungen Ihrer Ausführungen – oder Sie sagen von vornherein: Mein Beitrag braucht exakt so und so viele Minuten! Erleben konnte man das auf der Convention der German Speakers Association 2010 in Köln. Unter dem Titel »Das kürzeste Erfolgsseminar aller Zeiten!« sprach und sang Marius Jung genau 10 Minuten.

Und wenn der APPLAUS VERKLUNGEN IST?

Was macht man eigentlich nach einer Rede, wenn der Applaus vorbei ist? Sie könnten feiern gehen. Sie könnten das Ereignis in sich nachschwingen lassen. Sie könnten Kontakt zu den Zuhörern suchen, um noch ein wenig »mental zu kuscheln«. Sie könnten duschen. Sie könnten auch etwas essen, allein oder die Einladung des Gastgebers zu einem großen Essen annehmen. Das könnten Sie alles tun.

Empfehlen möchte ich etwas ganz anderes: Reflektieren Sie mit offenem Blick die zurückliegende Rede. Niemand außer Ihnen weiß wirklich, was richtig gut gelungen und was möglicherweise furchtbar schlecht geraten oder gar misslungen ist.

Applaus ist wunderbar – keine Frage. Aber Sie dürfen durch den Applaus, durch den Erfolg nicht trunken vor Glückseligkeit sein. Sehr schnell würden Sie sonst jedes Gespür für die feinen Töne der Wirklichkeit verlieren. Zurück bleibt in solchen Fällen nicht selten ein Monster an Selbstüberschätzung.

Beantworten Sie nach jeder Rede für sich folgende Fragen:

- Was war wirklich oder überraschend gut an der gehaltenen Rede?
- Was hat Sie selber erstaunt?
- Was hat dieses Mal überhaupt nicht geklappt, obwohl Sie doch gut vorbereitet waren?
- Was ist Ihnen ganz persönlich als Fehler aufgefallen und was ärgert Sie, weil Sie es handwerklich schlecht gemacht haben?

Beantworten Sie diese Fragen und versprechen Sie sich selbst, die notwendigen Korrekturen sofort durchzuführen.

So, und jetzt können Sie feiern gehen, Sie haben es sich verdient.

Redner
einen HABEN IMMER

Führungs
ANSPRUCH

Struktur und DRAMATURGIE, RHYTHMUS der Rede

Bestimmt haben Sie schon einmal den Satz gehört, man solle seine Zuhörer da abholen, wo die sich gerade befinden. Das ist für die perfekte Rede nur zum Teil richtig. Sie müssen mit Ihrer Rede mehr können und vor allem auch mehr wollen.

Es geht keineswegs allein um das »Abholen«, viel wichtiger ist das »Hinführen«. Sie können mit Ihrer Rede Ihre Zuhörer zum Beispiel an ganz unterschiedliche Zeitpunkte führen. In die Vergangenheit, in die Gegenwart und in die Zukunft. Sie können mit Ihren Zuhörern Zeitreisen und Gefühlsreisen unternehmen. Mancher Redner ist sich dieser Tatsache und der Konsequenz nicht wirklich bewusst.

Und Sie müssen manchmal auch in der Lage sein, Ihre Zuhörer dorthin zu führen, wo sie ungern hinwollen: in die Vergangenheit.

In der Vergangenheit warten DREI ERINNERUNGEN

Der Ärger liegt in der Vergangenheit. Kein Mensch sagt: »Nächste Woche Donnerstag, da werde ich mich vielleicht ärgern!« Sehr wohl können sich Menschen aber noch an einen Ärger erinnern, der schon Jahre, manchmal sogar Jahrzehnte zurückliegt. Solche Erinnerungen zu erwecken heißt, Menschen auch in diesen Zustand zurückzuführen. Der damals gefühlte Ärger wird wieder präsent.

Auch die Angst ist eine Erinnerung: Wenn Menschen einmal Angst hatten, egal wovor, ist diese Angst abrufbar; da bricht noch einmal der Schweiß aus oder die Haare stellen sich zu Berge.

Und das Gefühl der Trauer, das immer mit Verlust zusammenhängt, liegt ebenfalls in der Vergangenheit. Mal platzt ein Traum, mal geht eine Firma pleite, mal verliert man einen lieben Menschen. Natürlich heilt die Zeit mögliche Wunden. Aber die Narben sind da und können schmerzen.

Und jetzt stellen Sie sich einmal vor, Sie würden mit dem folgenden Satz Ihre Rede beginnen: »Erinnern Sie sich noch an 2009, als viele von Ihnen um ihr Vermögen fürchteten? Wie Sie zornig auf Ihre Anlageberater waren und Sie sich über Ihre eigene Gier ärgerten?« Sie haben sofort absolute Zustimmung im Raum. Kein Zuhörer wird sich ausschließen können, weil entweder etwas von dem Gesagten direkt auf ihn zutrifft, oder er ahnt, dass es auf den Nachbarn zutreffen könnte.

Die SPUREN DER VERGANGENHEIT
sind nicht verloren

Auf das Fundament Ihrer Rede, das sich aus den Elementen Ärger, Angst oder Trauer aufbaut, wird jetzt das Kellermauerwerk gesetzt: Enttäuschung, Erleichterung und Besinnung.

Jeder Ärger ist verknüpft mit der Enttäuschung. »Ent-Täuschung« heißt, dass eine Täuschung vorbei ist. Viel Ärger entsteht, weil wir uns was vormachen, Dinge nicht sehen wollen, an der Wahrheit nicht wirklich interessiert sind. Also, die Menschen sind enttäuscht und ärgern sich. Und dann ärgern sie sich darüber, dass sie sich ärgern. Willkommen im Teufelskreis! Den Ausweg bietet die Erkenntnis, dass man sich umsonst geärgert hat – die »Ent-Täuschung«.

Was die Erinnerung an die Angst betrifft, macht sich doch häufig im Nachhinein Erleichterung breit; in kölschem Slang: »Et hätt noch immer jut jejange!«

Und auch in der Trauer muss man nicht ewig verharren. Es hilft die Besinnung auf den Kern des Lebens; denn es geht immer weiter.

Jetzt ist der nächste Satz in unserer Beispielrede schon gar nicht mehr so schwierig: »Wenn man jedoch die Prinzipien der Geldmärkte erkannt hat und sich selber eingesteht, dass man nicht wirklich pleite ist, dann kann man auch sagen, es wird immer weitergehen, denn Wirtschaft ist immer.«

Der neue Standpunkt

Nach nur zwei Sätzen sind Ihre Zuhörer nun bereit, die Vergangenheit zu verlassen und sich dem Heute zu stellen. Hier erwarten sie die Reue, die Neugier und die Verpflichtung.

Ärger und Enttäuschung lassen sich nur aufarbeiten, wenn Reue gezeigt wird, Gesundung setzt die Reue voraus.

Und die Angst? Kaum ist sie verflogen – und das ist wirklich kölsche Lebensart – taucht die Frage auf: »… und jetzt?« Wie Kinder – kaum ist das Gewitter vorbei, wird das nächste Spiel gesucht. Herzlich willkommen, liebe Neugier!

Und auch die Trauer führt über die Besinnung zum logischen nächsten Schritt, der Verpflichtung. Das Trauerjahr, die Grabpflege, die »In-memoriam-Anzeige« – nichts als Verpflichtung.

Für einen Redner ist der nächste Satz keine Herausforderung: »Ihre Entscheidung, es zukünftig den Anbietern nicht zu leicht machen zu wollen, trotzdem die Märkte kritisch und aufmerksam zu verfolgen und in keinem Fall in hohe Risiken zu investieren, ist doch nur zu nachvollziehbar.«

In der Gegenwart liegt kein Potenzial

Menschen bleiben gerne in der Gegenwart, um sich zu »ver-si-chern«. Sie schöpfen in dieser Position die Kraft für zukünftige Aufgaben. Für die Gestaltung der Zukunft sind Verbundenheit, Verlangen und Erwartung ausschlaggebend. Nur wenn diese drei Elemente da sind, öffnet sich das Tor in die Zukunft – und dort wollen sie alle hin.

Über den Ärger, die Enttäuschung und die Reue sind Sie jetzt bei der Verbundenheit angekommen. Der typische Erklärungssatz da-für: »Es war ja nicht alles schlecht.« Die immer gleiche Idealisie-rung der Vergangenheit!

Nach Angst, Erleichterung und Neugier taucht jetzt das Verlangen auf. Die Zeit der Entsagung ist vorbei. Es soll wieder gegessen, ge-feiert und getanzt werden!

Der Trauer folgten die Besinnung und die Verpflichtung – und jetzt kommt die Erwartung! Es muss ein Leben nach dem Tode geben! Und wenn nicht hier, wo dann?

Vor diesem Hintergrund ist der nächste Satz einleuchtend: »Über viele Jahre waren die Empfehlungen Ihrer Bank doch nachweis-lich richtig und fundiert. Es wäre doch unsinnig, auf die weitere Teilhabe am Wohlstand zu verzichten, vor allem dann, wenn es in übersichtlichem Fahrwasser weitergeht.«

DIE ZUKUNFT
gehört Ihren Zuhörern

Damit Ihre Zuhörer bereit sind, die Zukunft zu erobern, brauchen Sie drei weitere Elemente: das Wohlwollen, die Freude und die Aktivität!

Wer verbiestert schon freiwillig im Ärger? Wenn als Möglichkeit das Wohlwollen um sich greifen könnte, wer lehnt da schon ab?

»Freude, schöner Götterfunken!« – kann man die Bereitschaft zur Freude besser ausrufen? Und es kann doch nicht so schwierig sein, Menschen die Freude zu ermöglichen!

Nun folgt als letzter kleiner Schritt nur noch die Aktivität. Wie glücklich sind die Menschen, wenn man Ihnen einen Ausweg aus allen Zweifeln zeigt. Tu was!

Und das ist jetzt der Schlusssatz Ihrer kurzen Rede: »Vertrauen Sie Ihrem Gespür für Kompetenz und Glaubwürdigkeit. Kommen Sie in die Reihen der Erfolgreichen und Glücklichen zurück! Investieren Sie in Ihre Zukunft!«

Wenn Sie beim Lesen dieser Gedanken das Gefühl hatten, die ganze Zeit in klassischen Dramen oder Drehbüchern Hollywoods zu schmökern: Der Autor widerspricht nicht.

Es gibt kein **GROSSES GENIE** ohne einen **Schuss** **Verrückt-heit**

Regeln einer **perfekten Rede**
IN DER ANTIKE

Darin ist sich die Fachwelt einig: Der große Lehrer der Rhetorik, der Mann, der wohl als Erster umfassend die Regeln der Rhetorik aufgestellt, begründet und damit lehrbar gemacht hat, war der Grieche Aristoteles (384–322 v. Chr.). Er gehört zu den bekanntesten und einflussreichsten Philosophen der Geschichte. Aristoteles hat zahlreiche Disziplinen entweder selbst begründet oder maßgeblich beeinflusst, darunter die Wissenschaftstheorie, Logik, Biologie, Physik, Ethik, Dichtungstheorie, Dialektik, Staatslehre und eben auch die Rhetorik.

Das Regelwerk der Rhetorik wird von Cicero in seiner berühmten Definition des Redners umfassend beschrieben: »Der dürfte meines Erachtens ein Redner sein und diesen anspruchsvollen Namen zu Recht tragen, der jeden in einer Rede zu entfaltenden Sachverhalt mit sicherem Blick für das Wichtige und Wirksame, in gegliederter Ordnung, mit sprachlicher Formungskraft, aus dem Gedächtnis und in Verbindung mit einer angemessenen Vortragskunst darzubieten vermag.«

Hier die fünf Stufen, die die antike Rhetorik vorgibt und die nacheinander beschritten werden sollten, um zur perfekten Rede zu gelangen.

Inventio Die Basis für eine gute Rede ist die Recherche. Es sollten zunächst alle Gesichtspunkte, die man beachten muss, zusammengetragen werden. Das Finden der leitenden Gedanken bildet den Grundstein für das gute Gelingen der Rede.

Dispositio Um die Fülle von Gesichtspunkten in eine kunst-
gerechte Ordnung zu formen, sollte sich bei der Glie-
derung am natürlichen Ablauf einer Rede orientiert
werden.

Die **Einleitung** soll die Zuhörer für die Sache und den
Redner gewinnen. Wahlweise geht man dabei vom
Persönlichen zum Sachlichen oder vom Allgemeinen
zum Besonderen vor. Auch die Darstellung der Sach-
lage gehört an diese Stelle.

Der **Hauptteil** wird in zwei Formen vorgetragen.
Zunächst werden in eher defensivem Charakter die
Argumente vorgetragen, die die Ansicht des Redners
ausmachen. Danach werden in offensiver Art die
Hauptargumente des Gegners widerlegt.

Der **Schluss** muss es schaffen, Argumente, die schon besprochen wurden, noch einmal in Erinnerung zu bringen, um dann in einem emotionalen Appell die Rede
ihrem Höhepunkt zuzuführen.

Elocutio Das wird auch Aristoteles als den schwierigsten Teil der
Vorbereitung empfunden haben, geht es doch um das
»Kleiden in ein sprachliches Gewand«. Situation und
Zweck der Rede legen die Stilart fest, in der die Rede
vorgetragen werden soll.

Der **schlichte** Stil soll sachlich unterrichten und
beweisen.
Der **mittlere** Stil soll gewinnen und erfreuen.
Der **hohe** Stil soll rühren und erschüttern!

Memoria Jetzt geht es ums Ganze – nämlich darum, die Rede
komplett auswendig zu lernen, denn in der Antike
musste in freier Rede vorgetragen werden. Und so

erfand man damals bereits die Mnemotechnik: Man nutzte die Topografie des Vortragsraumes als Gedächtnisstütze.

Actio Das ist die Kunst, durch Stimme, Gestik und Bewegung die Wirkung des Vortrags absolut zu steigern. Man übte in der Antike durchaus das Schwenken der Toga! Und die Führung und Haltung der Hände war Ausdruck einer umfassenden Symbolsprache.

Standardversion der
HEUTIGEN RHETORIKLEHRER

Die modernen Rhetoriklehrer empfehlen in ihren Seminaren und Büchern mehrheitlich die folgende Struktur:

Einleitung
- Beginnen Sie bei der Begrüßung mit den Ehrengästen.
- Begrüßen Sie dann die Teilnehmer.
- Sprechen Sie einen Dank für die Einladung aus.
- Nennen Sie nun Ihr Thema.
- Je nach Anlass sollten Sie mit einer Anekdote oder einem Zitat für Sympathie beim Publikum sorgen.
- Amerikanische Redner beginnen häufig mit einer sehr humorvollen Begebenheit.
- Dann sollten Sie die Agenda Ihres Vortrags präsentieren.

Hauptteil
- Stellen Sie die derzeitige Situation dar und untermauern Sie diese mit Fakten.
- Ziehen Sie Folgerungen daraus.
- Bieten Sie die Lösung 1 an: Wie man es nicht machen sollte.

- Dann folgt Ihre Lösung 2: Wie man es machen sollte.
- Nun folgen die logische Schlussfolgerung und das Ergebnis.

Schluss

- Eine Aufforderung zum Handeln bietet sich an.
- Sie können sich auch auf eine Zusammenfassung beschränken.
- Ein Ausblick auf die Zukunft kann angebracht sein.
- Manchmal ist ein Zitat ein gutes Ende.
- Vielleicht gelingt Ihnen mithilfe einer Anekdote ein humorvolles Ende.

Für den Hauptteil gibt es noch einige Aspekte, die Sie variabel berücksichtigen und einbauen können. So können sie beispielsweise diesen Ablauf wählen:

- Gemeinsamkeiten: Welche Erfahrungen haben die Zuhörer als Gemeinsamkeit?
- Problemstellung: Die gemeinsamen Erfahrungen bieten keinen Lösungsansatz.
- Scheinargument: Hierbei wird eine Lösung entwickelt und angeboten, die naheliegend erscheint, aber dann als falscher Weg enttarnt wird.
- Wahre Gründe: Aus den Scheinargumenten werden jetzt die wahren Lösungsansätze entwickelt – und endlich wird alles gut.

Sie werden in diesem Buch feststellen, dass ich an einigen Stellen völlig andere Empfehlungen gebe als die Mehrzahl der Rhetoriklehrer. Nicht immer verhilft der Mainstream zu Spitzenleistungen …

Als **Spitzenredner** müssen Sie mit **VIER ÄNGSTEN** umgehen können

1. Die Gruppe ist zu groß

Die Größe einer Gruppe kann Sie natürlich beeindrucken. Doch in Wahrheit ist es so, dass das nur ein optisches Problem ist. Wenn Sie eine kleine Gruppe überzeugen können, dann gelingt Ihnen das prinzipiell auch bei einer großen Gruppe. Wenn Sie glauben sollten, bei einer kleinen Gruppe sei es nicht so schlimm, wenn man einen Fehler macht, ist das selbstberuhigende Feigheit. Sehen Sie es doch einmal ökonomisch: Je mehr Menschen Sie auf einen Schlag gewinnen und überzeugen können, umso besser! Genießen Sie den großen Raum! Schauen Sie sich die Menschen während Ihrer Rede an – und schenken Sie niemals einem Manuskript oder Ihrer Armbanduhr die Aufmerksamkeit! Viele Schauspieler ertragen in Tat und Wahrheit die Anwesenheit eines Publikums nicht. Sie spielen auf einer Bühne – und die Zuschauer sitzen als Masse unerkannt im Dunkeln. Für einen Spitzenredner völlig inakzeptabel. Machen Sie Licht im Saal! Sie müssen die Menschen sehen wollen, weil Sie nur dann die Gesichter und Körper mit ihren Reaktionen sehen. Und nur dann können Sie wissen, welche Wirkung Sie mit Ihren Worten erreicht haben.

2. Die mögen mich nicht

Eine völlig unnötige Angst! Sie haben doch noch gar nichts gesagt! Also: Es mag ja sein, dass man Sie nach Ihrer Rede nicht mehr mag. Na und? Es ist nicht möglich »everybody's darling« zu sein. Machen Sie damit Ihren Frieden. Wenn man Sie nach Ihrer Rede nicht mehr mag, dann kann es daran liegen, dass Sie eine unbequeme oder feindliche Wahrheit gesagt haben. Aber das war doch Ihre Mission, oder?!

3. Er ging in sich – und war allein

Es ist wahr, wer Angst hat, dem Nichts in der eigenen Person zu begegnen, der leidet Höllenqualen! Wenn Sie ein entspannter Spitzenredner werden wollen, dann erreichen Sie das nur, wenn Sie konsequent an der Entwicklung Ihrer Persönlichkeit arbeiten.

4. Bloß keinen Streit!

Akzeptieren Sie, dass es immer vorkommen wird, dass in einer Gruppe von Zuhörern Menschen sitzen, die Ihnen nicht wohlgesonnen sind. Diese »schwarzen Löcher« kosten unglaubliche Kraft, wenn man während des Vortrags versucht, gerade die auch noch zu überzeugen. Wer Ihnen signalisiert, dass er mit Ihren Ausführungen nicht einverstanden ist, den müssen Sie ignorieren. Sobald Sie diesen Menschen verstärkte Aufmerksamkeit schenken, missbrauchen diese das Geschenk und saugen Sie völlig aus. Das ist schon schlimm genug! Unglücklicherweise verlieren Sie bei diesem Kraftakt auch noch die Teile der Zuhörer, die Ihnen wohlgesonnen waren. Doppeltes Pech!

eindeutig »Ja« Sagen Sie zu sich!

Ob Ihre Rede von außergewöhnlicher Qualität sein wird, entscheidet sich nicht auf der Bühne, sondern viel früher – vielleicht in Ihrem Badezimmer. Im Ernst! Was machen Sie morgens vor Ihrem Spiegel? Wahrscheinlich putzen Sie Ihre Zähne, als Dame legen Sie ein Make-up auf und als Herr werden Sie sich rasieren. Ich möchte Sie gerne auffordern, jeden Morgen eine weitere und ganz andere Übung durchzuführen: Posen Sie vor Ihrem Spiegel, entdecken Sie, wie schön Sie sind! Bewundern Sie Ihre Figur, wahlweise das Spiel Ihrer Muskeln oder den verführerischen Übergang in Ihrem

Dekolleté, entdecken Sie Ihre erotische Ausstrahlung. Und machen Sie das so lange, bis Sie völlig verzückt von sich selber sind!

Sie denken, der Köhler spinnt? Fangen wir ganz vorne an. Im heiligsten aller Bücher steht der Satz »Liebe Deinen Nächsten wie Dich selbst!« acht Mal. Wieso wird in einem Buch, in dem kein Wort zu viel oder zufällig steht, immer wieder dieser Hinweis gebracht, sich selber zu lieben? Natürlich geht es auch um Nächstenliebe, aber eben nicht nur. Nur wer sich selber mag, kann Liebe empfangen. Nur wer sich selber mag, kann Liebe geben. Nur wer Ja zu sich sagt, kann zu seinen Mitmenschen Ja sagen. Und nur dann werden Ihre Zuhörer Ja zu Ihnen sagen.

Ich mache genau diese Übungen jeden Morgen – und bin in Wahrheit kein schöner Mensch. Ich habe eine gebrochene Nase, meine Haarpracht ist weg, wohlgeformt ist mein Hinterkopf nun wirklich nicht, ich habe O-Beine und einen kleinen Bauch. Mein Sixpack liegt unter einer kleinen Fettschicht und mein Muskelspiel entspricht durchaus meinem Alter. Wollen wir jetzt noch meine erotische Ausstrahlung besprechen?

Und trotzdem stehe ich morgens im Bad und »nehme mich an«. Ich sage Ja zu mir. Ja zu den starken Seiten und auch Ja zu den dunklen Seiten. Ich sage Ja zu den weniger attraktiven Seiten und sage Ja zu den bekannten und versteckten Schwächen. Und das mache ich aus einem einzigen Grund: Danach bin ich frei, unendlich frei!

Ich kann ohne Angst auf der Bühne stehen, ich muss keinen unnötigen Wettbewerb gewinnen, ich muss niemanden besiegen oder herabsetzen. Man muss nicht das Licht des anderen ausblasen, um selber zu strahlen. In Köhlers Nähe kann jeder strahlen!

Und wenn Sie jetzt den Konferenzraum betreten, von der Bühne Besitz ergreifen, wenn Sie ausgestattet mit dieser Selbstbejahung vor Ihre Zuhörerinnen und Zuhörer treten, dann spüren diese Ihre

Selbstsicherheit, und das Vertrauen in Sie beginnt zu wachsen. Dann werden Sie als ein exzellenter Redner diesen Akt als den Akt zur Selbstverwirklichung schlechthin erleben.

Über **Emotionen**

Menschsein heißt ja nicht nur, eine unendliche Reihe von Glücksmomenten zu sammeln oder zu erleben. Menschsein setzt die Erfahrung voraus, als Kind geliebt, in seiner Persönlichkeit angenommen und in seinem Verhalten bejaht zu werden. Diese emotionale Selbsterfahrung paart sich mit der gleichzeitig stattfindenden emotionalen Fremderfahrung. Gefühle bestimmen das Beziehungsgeflecht zwischen den Menschen. Unser Umgang mit Sympathie und Antipathie, die Erfahrungen mit Akzeptanz und Ignoranz beeinflussen uns ganz persönlich und gestalten das zwischenmenschliche Miteinander. Die wichtigste Erfahrung, die Sie für Ihre spätere Karriere als Redner brauchen, ist diese: Gefühle bestimmen unser Leben.

Sie werden es als Redner immer schwer haben, wenn Ihre emotionalen Erfahrungen eher dürftig sind. Wenn Ihnen als Kind der emotionale Spielraum eingeengt wurde, dann bleibt Ihnen nur noch die Flucht in die Rationalität – und das ist ein verdammt einsamer Kontinent! Häufig versuchen solche Vortragenden über die Summe der Fakten zum Beifall zu kommen. Das Ergebnis ist ein rechthaberischer Vortragsstil, dem man schlussendlich wegen der »Rechtslage« zustimmt, aber nicht aus gewonnener Überzeugung.

Ein Redner, der seine Gefühle ausdrücken kann, wirkt immer natürlich, originell und in sich sicher. Das große Geschenk besteht doch darin, seine eigenen Emotionen zu akzeptieren und als Wert der eigenen Persönlichkeit zu interpretieren. Auch hier gilt: Wer sich selbst annimmt, nimmt sich mit seinen Gefühlen an. Ihre emotionale Kompetenz, die Sie nicht beweisen müssen, sondern vorleben, ist die Voraussetzung dafür, dass Sie als Redner mit Ihren

Zuhörern in Kontakt treten können. Und nur über diesen Kontakt werden Ihre Zuhörer bereit sein, Ihnen gedanklich zu folgen.

Wenn Sie Ihren eigenen Gefühlen trauen können, dann werden Sie auch nie von emotionalen Reaktionen Ihrer Zuhörer überrascht oder gar überfordert sein. Wie wollen Sie denn reagieren, wenn ein Zuhörer nach einem Vortrag auf Sie zukommt und sagt: »Durch Ihren Vortrag habe ich mein Leben geändert!« Werden Sie sagen: »Oh Gott, das ist ja schrecklich! Bitte machen Sie mir keine Vorwürfe, das habe ich alles gar nicht gewollt!«?

Erinnern Sie sich an den Film »Der Club der toten Dichter«? Dieser unglaubliche Lehrer John Keating, dargestellt von Robin Williams, muss und kann die Verantwortung für den Freitod des jungen Neil Perry übernehmen, den der wunderbare Robert Sean Leonard spielt.

Sie müssen sich als Redner der Tatsache stellen, dass Ihr Vorhaben, Wirkungen zu erzielen, auch eintreten wird. Deshalb beginne ich einen Vortrag zum Thema »Veränderungsprozesse« mit: »Ich habe die Absicht, Sie zu verändern. Wenn dieser Tag vorbei ist, dann werden Sie nicht mehr derjenige sein, der Sie waren, als dieser Vortrag begann. Wenn Sie nun sagen: ›Nein! Ich will mich nicht verändern!‹ – dann müssen Sie jetzt gehen. Wenn Sie allerdings sitzen bleiben, dann gehe ich davon aus, dass Sie bereit sind, Korrekturen in Ihrem Leben, in Ihrem Denken und in Ihrem Handeln vorzunehmen!« Was dann durch meine Worte geschieht, habe ich als Redner immer zu verantworten.

Nur ein GELEBTER GEDANKE bindet

Natürlich hat der Kirchenlehrer Augustinus recht mit seinem Satz »In dir muss brennen, was du in anderen entzünden willst!«, wenn es um emotionale Wirkungen geht. Sie wollen als Redner immer,

Chile

69 Tage in 700 Meter Tiefe eingeschlossen – und dann gerettet! Das, was chilenische Bergleute im Herbst 2010 erlebt haben, hätte Hollywood sich nicht spannender ausdenken können! Hier nun eine Auswahl an öffentlichen Reaktionen nach der Rettung; sie zeigen die unterschiedliche Fähigkeit zur Emotionalität.

»Ich freue mich für die Bürgerinnen und Bürger Chiles«, sagte Bundesaußenminister Guido Westerwelle – und das mit freudlosem Gesichtsausdruck.

»Jubel in Chile über gerettete Bergleute« – so berichtete die Schlagzeile der FAZ.

»Das Wunder von Chile« titelte die Allgäuer Zeitung.

»Einmalig in der Geschichte der Menschheit. Welt bejubelt Wunder von San José« – findet die Süddeutsche Zeitung.

»Gott hat gewonnen« – DIE WELT. Na, jetzt kommen wir emotional der Geschichte schon näher.

»Gerettet!« und dann die erste Zeile: »Endlich! Die erste Berührung, der erste Kuss …« – Das war die BILD-Zeitung.

Stellen Sie sich bitte vor, Ihre Aufgabe bestünde darin, dieses Ereignis mündlich einem Publikum zu vermitteln. Wie würden Sie das machen? Vom Blatt ablesen? Nein! Sie würden das hinausschreien, Sie würden bersten vor Glück und die Arme hochreißen: »Endlich! Gerettet! Alle leben! Halleluja!«

dass sich Ihre Zuhörer mit Ihrer Aussage oder Ihrem Vorhaben identifizieren. Wie funktioniert nun dieser Vorgang?

Wenn Sie sich öffnen und den Zuhörern Zugang zu Ihren Emotionen gestatten, dann ist das genauso, als würden Sie den Blick auf einen Kompass ermöglichen; Sie geben Ihren Zuhörern Orientierung, aus der sich dann später Handlungen entwickeln werden.

Unterstellt, Sie sind auf Ihrem Gebiet der Experte schlechthin. Dann wird vermutlich ein Teil Ihrer Redestrategie darauf abzielen, Ihre Zuhörer durch eine überzeugende Faktenpräsentation zu beeindrucken. Dabei laufen Sie immer Gefahr, dass Ihre Überhöhung von den Zuhörern als Bedrohung empfunden wird. Da weder das eine noch das andere eine Grundlage für Identifikation ist, mischen Sie in Ihre »Faktenlage« so viel persönliche Emotionalität, wie überhaupt möglich ist!

 Sie brauchen die emotionale Bindung für einen ganz wichtigen Teil Ihrer Rede: die Konfrontation!

Stellen Sie sich bitte die folgende Szene vor: Sie sind der Älteste in einem Dorf und werden von Räubern bedroht. Sie wollen Ihre Mitbürger zum bewaffneten Widerstand aufrufen. Welchen Weg gehen Sie? »Liebe Mitbürger! Wir haben 72 Schwerter im Gesamtgewicht von 163 Kilo mit einer geschätzten Gesamtlänge von 87 Metern und sind damit den Räubern zwar um 4 Kilo unterlegen, aber in der Länge um 14 Zentimeter überlegen.« Also gut, das ist ein schlechtes Beispiel …

Jetzt noch einmal: »Bürger! Bauern! Knechte! Wenn Ihr diesen Tag überleben wollt, dann greift zu allem, was als Waffe benutzt werden kann! Dann folgt mir nach, damit wir unser Blut einsetzen für das Blut unserer Kinder!«

JEDE MINUTE **Ihres Vortrags** braucht

einen ARBEITSTAG

So viel Vorbereitung
MUSS SEIN

Es gibt Sätze, bei denen man gerne vor Zustimmung und Begeisterung nickt. Einer dieser Sätze lautet: 80 Prozent des Erfolges ist die Vorbereitung! Wer wagt es da schon, zu widersprechen. Aber was bedeutet das in seiner Konsequenz?

Ich praktiziere seit Beginn meiner Rednerkarriere, für jede Vortragsminute einen Arbeitstag zu investieren. Also für einen ganz normalen 45-minütigen Vortrag 45 Arbeitstage! Und ich könnte mir vorstellen, dass Sie jetzt denken: Der Köhler spinnt, das rechnet sich nie! Das muss doch schneller gehen!

Machen wir gemeinsam eine kleine Exkursion: Lorenz Illing, der 2006 Weltmeister in Lateinamerikanischen Tänzen war, berichtet, dass er 11 000 Stunden Tanztraining investierte, um diesen Titel zu bekommen. Wahnsinn? Nein. Man muss nur rechnen: Wenn Sie täglich 8 Stunden trainieren, dann haben Sie in 1375 Tagen die 11 000 Stunden weggetanzt. Doch wer macht das freiwillig? Teilen Sie die Tage mal durch 31, das Ergebnis: 44 Monate, also gut 3,5 Jahre. Sie brauchen zum Erlernen für jeden Handwerksberuf ebenfalls so lange. Dann sind Sie gerade für die Gesellenprüfung zugelassen – von Meisterschaft ist da noch längst keine Rede und von Weltmeisterschaft erst recht nicht.

Wenn Sie wirklich daran interessiert sind, ein außergewöhnlicher Redner zu werden, um dann eines Tages »die perfekte Rede« halten zu können, dann ist es nicht zu viel verlangt, in jede Vortragsminute einen Arbeitstag zu investieren.

Wenn Sie sich eingestehen, dass Sie unmöglich dieses Zeitvolumen investieren können oder wollen oder dürfen – kein Problem. Nur dann erreichen Sie niemals wahre Meisterschaft. Bitte berücksichtigen Sie, selbst wenn Sie schon auf höchstem Niveau sprechen – Sie sind von der Ausschöpfung des Potenzials Ihrer tatsächlichen Begabung noch weit entfernt.

Jetzt möchte ich Ihnen gerne meine Vorbereitung erläutern. Natürlich sitze ich nicht für einen 45-minütigen Vortrag 360 Stunden still am Schreibtisch – aber, ich bedenke eine Rede Tag für Tag. Das Ziel ist doch immer die freie Rede. Also muss die gesamte Rede »gedacht« werden können. Deshalb nehme ich eine zukünftige Rede auf eine Art Endlosschleife mit mir mit. Wann immer die Gelegenheit sich ergibt, wird an der Rede »gedacht« – und da kommen ganz schnell enorme Zeiten zusammen.

Das sind die folgenden Einzelschritte, die Sie gehen sollten, wenn Sie eine Rede wie Köhler entwickeln wollen.

- Markieren Sie ein Ablagekörbchen, um alle Papierideen wie Zeitungsartikel, Bücher oder Internetausdrucke zu sammeln.
- Legen Sie eine PowerPoint-Datei an. Nur schwarzer Hintergrund mit weißer Schrift!
- Außerdem legen Sie eine Word-Datei an. Hier können Sie dann weiteres Material direkt speichern.
- Als Erstes werden Thema, Idee und Ziel festgelegt.
- Sichten Sie mindestens einmal täglich das bisher entstandene Material!
- Sobald erste Gedanken vorhanden sind, werden diese in kleinen Dosen bei Gesprächen oder Diskussionen eingeflochten, um die Gedanken zu überprüfen.
- Einige Ideen können in andere Vorträge eingebaut werden, um zu testen, ob und wie sie funktionieren. Das Konzept für die erfolgreiche Vortragsreihe »Verkaufen ist wie Liebe!« ist so entstanden. Es war kein sofortiger ganzer Entwurf – der Beginn war eine einzige Folie in einem völlig anderen Zusammenhang.

- Suchen Sie ganz gezielt nach Metaphern, um Ihren Vortrag bildhaft zu gestalten!
- Wenn Sie ein Geschenk auswickeln, dann zerknittert das Papier. Richtig? Ihre Rede wird auch ausgewickelt, es gibt also Brüche, Risse und Falten. Nur so verhindern Sie eine allzu glatte Rede.
- Sprechen Sie sich einzelne Passagen Ihrer Rede immer wieder laut vor!
- Arbeiten Sie intensiv an der Aufgabe, jeden gefundenen Gedanken durch einen noch besseren zu ersetzen!
- Überprüfen Sie die Zeitschiene immer wieder!
- Stellen Sie sich bereits während der Vorbereitung den Vortrag optisch und akustisch vor!
- Übertragen Sie Ihre Stichworte auf Metaplankarten!
- Spielen Sie Ihren Vortrag immer wieder durch!
- Reduzieren Sie die Stichworte auf Ihren Metaplankarten so lange, bis ein einziges Wort in Ihnen den Stoff für zwei bis drei Redeminuten auslöst!
- Jetzt nummerieren Sie Ihre Stichwortkarten – und Schluss.

Ob sich dieser Aufwand rechnet? Natürlich rechnet sich das nur, wenn Sie immer wieder als Redner eingeladen werden. Wenn Sie nicht investieren, werden Sie auch nicht mehr eingeladen. Wenn Sie allerdings richtig investieren, dann werden Sie zu Spitzenhonoraren eingeladen!

Eine häufige Frage an mich ist, ob Hans-Uwe L. Köhler auch heute noch, nach vielen Jahren der Erfahrung, so intensiv in Vorträge investiert? Seien Sie gewiss, gerade Erfahrung ist ein trügerisches Eis! Ich misstraue der Erfahrung, sie ist dann der falsche Ratgeber, wenn sie satt macht, unvorsichtig, sich selbst beruhigt: »Das schaffst du doch mit links!« Man schafft es, aber das hat nichts mit Meisterschaft zu tun.

Die Zeiten der
Freimaurer

Wenn Sie als Redner wachsen wollen, dann lassen Sie sich Zeit! Als junger Mann las ich in einem Aufsatz von den verschiedenen Graden innerhalb der Freimaurerei. Man muss dieses Logensystem weder mögen noch schätzen, seine Bedeutung ist allemal faszinierend. Dort wird mit Graden gearbeitet, so wie ich sie bereits von meiner eigenen Ausbildung her kannte: Lehrling, Geselle und Meister. Meine Idee war simpel: Ich erklärte mit Anfang 20, dass meine Lebenszeit bis zum 45. Lebensjahr meine Lehrzeit sein würde. Dann sollten 15 Jahre Gesellenzeit folgen und mit etwa 60 sollte dann die »Meisterprüfung« abgelegt werden, um dann für den Rest der Zeit als Meister des Faches zu arbeiten.

Mit dieser sehr persönlichen Geschichte möchte ich Ihnen Mut machen, sich selber lange Phasen des Wachstums zu gönnen.

Wie ist das 100. Mal?

Wen soll man in einem Theaterstück eigentlich mehr bewundern? Denjenigen, der die Premiere spielt, also ein Stück zum ersten Mal einem – hoffentlich geneigten – Publikum präsentiert? Oder soll man den bewundern, der diese Rolle zum 100. Mal spielt?

Meine Sympathie gehört zweifelsfrei den Darstellern der 100. Aufführung! Und 100 Mal ist gar nichts. Stellen Sie sich vor, das Theaterstück »Die Mausefalle« von Agatha Christie wurde seit seiner Uraufführung mindestens schon 22 957 Mal weltweit aufgeführt. Doch das ist noch nicht der Rekord. Der Schauspieler David Raven spielte in diesem Stück zwischen 1957 und 1968 ohne Unterbrechung die Rolle des Major Metcalf 4575 Mal. Das ist der wahre Rekord!

Stellen Sie sich bitte vor, Abend für Abend eine Rolle so zu spielen, dass das Publikum den Eindruck hat, es wohne der Premiere bei. Nur darum geht es!

Und nun zu Ihnen: Vielleicht gehört es ja zu Ihren Aufgaben oder Pflichten, einen ganz bestimmten Vortrag mehrmals, vielleicht sogar immer wieder zu halten. Dann bedeutet das, dass Sie Ihrem Publikum jedes Mal den Eindruck vermitteln müssen, Sie würden diesen Vortrag das allererste Mal halten. Wie man das macht? Sie müssen sich selber in den mentalen Zustand der Premiere bringen, sich mithilfe von Autosuggestion immer wieder sagen: Das ist heute deine Premiere! Überrasche die Zuhörer! Sei selber überrascht, was heute mit dir und durch dich geschehen wird!

Auch das Gegenteil ist richtig und kann die WAHRHEIT SEIN

Um eine perfekte Rede zu halten, müssen Sie Ihre Gedanken und Ideen ordnen. In den meisten Fällen werden Sie zu dem Gegenstand Ihrer Rede eine ganz bestimmte Meinung oder Beziehung haben. Ihre eigene Position steht also bereits zu Beginn der Redevorbereitung fest. Das ist für die meisten Redner eine eher beruhigende Erfahrung.

Beginnen Sie damit, dass Sie Ihre gedankliche Materialsammlung unter dem wohltuenden Aspekt durchführen, dass Sie sowieso recht haben und Ihnen das Publikum alles glauben wird und Sie Ihre guten Ziele in jedem Fall erreichen werden.

Jetzt zum nächsten Teil der Arbeit. Machen Sie sich selber zum erbittertsten Widersacher Ihrer eigenen Gedanken! Lassen Sie kein gutes Haar an sich! Nehmen Sie jeden Gedanken auseinander! Schonen Sie sich nicht! Und schrecken Sie nicht davor zurück, die übelsten Tricks anzuwenden, um keinen Ihrer Gedanken überleben zu lassen! Versuchen Sie durchaus, durch falsche Behauptungen Ihre eigene Rede zu zerstören!

Zwischenergebnis: Sie wissen jetzt ganz genau, ob und wo Sie möglicherweise angreifbar sind. Sie könnten jetzt das »Dafür« und das »Dagegen« nutzen, um noch einmal Ihre Position zu überprüfen. Möglich wären jetzt folgende Varianten:

- Sie bleiben bei Ihrer von Anbeginn feststehenden Position.
- Sie wechseln Ihre Position, weil die Summe der Angriffsflächen zu groß ist.
- Sie beginnen Ihre Rede aus der Position der Gegenargumente, ziehen Ihre Zuhörer so tief in die Geschichte rein, bis Sie in einer dramatischen Kehrtwende zu Ihrer wahren Position einschwenken.
- Sie entdecken, dass bei kluger Wahl der Gedanken aus beiden Positionen eine dritte, neue Sicht der Dinge möglich wird. Dann hätten Sie aus These und Antithese zur Synthese gefunden.

Prinzipiell muss ein sehr guter Redner in der Lage sein, eine entschlossene und überzeugende Rede für und gegen eine Sache zu halten. Hier sei als Beispiel das Thema Rauchen angenommen.

Von einem sehr guten Redner kann man zum Beispiel verlangen, dass er eine überzeugende Rede über den Genuss des Rauchens hält, von der Süße des orientalischen Tabaks schwärmt und ein freiheitliches Bekenntnis zu der Tatsache abgibt, dass es niemanden einen feuchten Kehricht angeht, wie er sein Leben genießend verschwendet. Nur einen Atemzug später (und das beim Thema Rauchen) muss der gleiche Redner eine zornerfüllte Rede gegen das Rauchen halten können, um von der Reinheit der »Gebirgsluft an der Nordsee« zu schwärmen, verbunden mit dem gesellschaftlich-wirtschaftlichen Hinweis, dass niemand das Recht habe, seine Gesundheit zulasten der Allgemeinheit zu ruinieren.

Sie können auch an diesem Beispiel das Prinzip von Auseinandersetzungen in Redebeiträgen erkennen. Das erste Argument beruft sich auf den Wert »Freiheit«. Das zweite Argument führt die »gesellschaftliche Verantwortung« ins Feld. Nun ist die Frage, welcher Wert ist von sich aus so hoch positioniert, dass er scheinbar unangreifbar ist, oder welcher Wert hat eine aktuelle Dimension.

Eine wichtige Arbeitsform ergibt sich auch dadurch, dass man in diesem Fall das Thema Rauchen »aus Sicht von« bedenkt. Wie ist das Rauchen aus religiöser Sicht oder in der Wahrnehmung von Arbeitern aus China zu sehen, und was hat das Stilmittel Rauchen in den 1950er-Jahre-Filmen bewirkt?

Manchmal werden Werte an sich auch nicht mehr bezweifelt. Wer wagt es schon, seine Stimme zum Widerspruch zu erheben, wenn behauptet wird: »Das schafft Arbeitsplätze!«

Räumen Sie auf –
Phrasen und andere Hohlheiten

Es gibt Redner, die sprechen direkt für die Mülltonne, sind allerdings so eitel, dass sie glauben, dieser Müll müsste vorher noch durch das Ohr möglichst vieler Menschen. Eine Frechheit!

Stellen Sie sich bitte vor, Sie müssten sich die folgenden Worte anhören: »Unsere Qualitätsstandards sind von Beginn an die konsequente Richtschnur aller Prozesse …« Gern sprechen solche Phrasendrescher auch von »Prozessoptimierung«. Dagegen ist ja eine »Gewinnwarnung« noch harmlos. Ganz chic und aktuell sind »Synergieeffekte durch und mit Effizienzsteigerungen«. Und falls es gerade passt, wird vorgeschlagen, »Fehler zu minimieren«. Woran erkennen Sie einen Zyniker? Ganz einfach, wenn jemand von »Freisetzung« redet und »Entlassungen« meint; auch »Anpassungsmaßnahmen« sind letztlich nichts anderes als »Kündigungen«. Ganz beliebt sind übrigens »betriebsbedingte Kündigungen«; weil heute kein Boss mehr sagen darf: »Sie kotzen mich an – raus!«

Versuchen Sie nicht, durch Euphemismen, also durch Beschönigungen, Inhalte einer Rede erträglicher zu machen. Wenn Sie schon bittere Botschaften aussprechen müssen, dann sorgen Sie auch für den entsprechenden Geschmack.

Ausdrücklich sei vor Phrasen der simplen Art gewarnt, wie sie gelegentlich Guido Westerwelle verwendet. Eine seiner häufigsten Formulierungen lautet, eingebettet in seine Äußerungen, »… meine sehr verehrten Damen und Herren …«. Diese Anrede soll der Versuch sein, eine direkte Ansprache zu suggerieren. Doch er scheitert jedes Mal. Sie müssen nur auf den Tonfall und das Mienenspiel des Redners achten, dann spüren Sie sofort die Wahrheit: eine reine Floskel als Ausdruck des kompletten Desinteresses an den Zuhörern und der Situation!

Ihre Rede wird nicht glaubwürdiger, wenn Sie Hauptworte zu Güterzügen verkuppeln: »Optimierungspotenzial führt nicht zur Relevanzsteigerung und verschlechtert nur eine mögliche Befindlichkeitsabhängigkeit« – auch wenn das Ihrer Fachkompetenz entspricht.

Sie haben Lieblingsformulierungen? Prima. Werfen Sie sie weg! Für die perfekte Rede gilt: Nicht was Sie gerne sagen wollen, soll Ihre Sprache sein, sondern was Ihre Zuhörer hören und fühlen sollen, das muss in Ihre Rede.

Nur ein Bundeskanzler Gerhard Schröder konnte sagen: »Ich sach ma so …!«, um dann mit einem »Basta!« zu schließen.

SCHRIFTLICHES
in der **freien Rede**

Drei Dinge sind in der freien Rede erlaubt: Erstens dürfen Sie sich den Eröffnungssatz aufschreiben, um ihn dann – auswendig gelernt – vorzutragen. Zweitens gilt das Gleiche für den Schlusssatz. Drittens dürfen Sie während Ihrer Rede auch immer ein Zitat präsentieren, das Sie dann auch korrekt vorlesen.

Wenn Sie allerdings auf dem Standpunkt beharren, nur dann eine Rede halten zu können, wenn sie Ihnen schriftlich vorliegt, um sie abzulesen, dann bekommen Sie jetzt einige Empfehlungen.

Schreiben Sie bitte Ihre Rede niemals als Fließtext nieder, sondern in Ihrem Sprech- und Atemrhythmus. Nachfolgend sehen Sie hier einen Redeausschnitt, der entsprechend konzipiert ist. Im Original ist die Schrift 24 Punkt groß.

Ich will jetzt die Gelegenheit nutzen,

um einen wichtigen Punkt zu klären:

Ich weiß,

dass Ihnen eine ganze Menge zugemutet wird!

Sie sind es,

die den Frust des Kunden an erster Stelle

Tag für Tag

präsentiert bekommen.

Klartext: um die Ohren gehauen kriegen!

Sie sind es,

die auch interner Kritik ausgesetzt sind,

wenn so manche euphorische Verkaufsidee

nicht sofort und elegant umgesetzt werden kann.

Sie sind es,

die dann auch noch erleben,

dass Ihre Leistungen als »Entscheidungserleichterung«

für den Kunden,

in Neu-English

als Add-on-Leistung, verschenkt wird!

Wenn Hans-Uwe L. Köhler als Coach und Redenschreiber solche Reden entwickelt, dann ahmt er bereits beim Schreiben den Tonfall und das Tempo des späteren Vortragenden nach. Die Empfehlung für Sie: Wenn Sie eine Rede schreiben, sprechen Sie Ihre Texte halblaut mit.

Auch wenn Sie Mitarbeiter haben, die Ihnen bei der Ausarbeitung Ihrer Rede helfen, sollten Sie die Rede so lange umbauen, bis sie Ihnen vom Rhythmus her entspricht. Eine gute Möglichkeit ist, dabei leise vor sich hin zu murmeln.

Erlauben Sie mir bitte, Ihnen einen kleinen Giftstachel zu setzen: Wer seine Reden schreiben lässt, ist nicht nur berühmt oder wichtig – der ist wahrscheinlich auch überfordert. Eine Rede zu entwickeln ist letztendlich höchstes Vergnügen!

So kommen Sie zu frischen Rede-Ideen

Wenn Sie beruflich viele Reden halten dürfen oder das Reden sogar zu Ihrem Beruf gemacht haben, dann brauchen Sie immer wieder frische Ideen. Doch wie kommt man dazu? Die Masse macht's? Das ist natürlich Unsinn! Immer mehr vom Gleichen bringt Sie nicht weiter!

Sehen Sie die Dinge so, wie sie noch keiner gesehen hat!

> *Erklären Sie einem Kind die Form des Kontinentes Afrika: eine Kirche, die auf der Turmspitze steht.*

Hören Sie die Dinge so, wie sie noch keiner gehört hat!

> *Wie mag es klingen, wenn sich »Sachen« miteinander unterhalten würden? Was würde auf einem Parkplatz Ihr Auto zu einem anderen Wagen sagen, wenn die sich über die Fahr-*

künste ihrer Lenker unterhielten? »Oh, meiner ist ein Dussel-
kopf, der träumt und telefoniert und isst. Ich habe jedes Mal
Angst um meine Figur!«

Fühlen Sie die Dinge, wie sie noch keiner gefühlt hat!

In Ihrer Rede müssen Sie einen äußerst unangenehmen Sach-
verhalt besprechen, etwa die Kündigung von Mitarbeitern.
Sprechen Sie doch einmal darüber, wie es sich anfühlt, wenn
man den Brief mit dieser Nachricht auseinanderfaltet.
Wie scharf wird Papier, wenn es eine böse Botschaft enthält?

Denken Sie über die Dinge so, wie sich noch keiner zu denken
getraut hat!

Was macht die Raumfahrt so teuer? Dass die Astronauten
zurückkommen sollen. Würde man One-Way-Tickets zum
Mars verkaufen, würden sich die Kosten um 80 Prozent
reduzieren – die Besiedlung des Mars wäre auf einmal sehr
realistisch und finanzierbar. Und was für eine Chance: ein
exklusives Grab auf dem Mars! Damit ließe sich sogar noch
Geld verdienen – und die letzten 20 Prozent der Kosten
schmelzen weiter.

Durch Wortdreher können Sie ebenfalls zu unglaublichen Ideen
kommen. Hier einige Kostproben aus dem Wort-Memory der Süddeutschen Zeitung:

Glühweinstand – Glühsteinwand
Tempelritter – Rempeltitter
Katzenklappe – Glatzenkappe
Chartstuss – Startschuss
Frustbummeln – Brustfummeln
Wettfischen – Fett wischen
Rostock – Ostrock

Und natürlich soll mein Lieblingsdreher nicht fehlen: Mit ein wenig Schwung wird aus dem Statistischen Bundesamt das buddhistische Standesamt.

Die PROFESSIONELLE Vorbereitung

Vor welchem Publikum Sie reden ist keineswegs eine banale Frage, sondern vielmehr ein zentraler Punkt Ihrer Vorbereitung.

Es gehört zum Standard einer Redevorbereitung, nach den genauen Berufen der Zuhörer zu fragen und in diesem Zusammenhang nach den für diese Zuhörerschaft »verbotenen Wörtern«. Fragen Sie nach den »hidden rules« – nach den geheimen Regeln der jeweiligen Berufsstände!

Ein Beispiel: Wenn Sie vor Zahnärzten reden, dann dürfen Sie niemals das Wort »Dentist« in den Mund nehmen! Die Ausbildung zum Dentisten endete in Deutschland 1952 und in Österreich 1975. Das Wort selber bedeutet für einen Zahnarzt eine Herabsetzung und disqualifiziert Sie als Redner, weil Sie damit deutlich machen, dass Sie keine Ahnung haben. Im englischsprachigen Raum ist das Wort allerdings die korrekte Bezeichnung für den Zahnarzt.

Es gibt durchaus auch Unternehmen, in denen die Nennung bestimmter Namen oder Konkurrenten verboten ist. Gerade dann, wenn ein Redner glaubt, mit angelesenem Wissen Branchenkenntnisse vermitteln zu wollen, kann das richtig schön schiefgehen!

Vorbereitung I

Sie erfahren, dass Sie eine Rede halten sollen. Ab jetzt beginnt die Vorbereitung – zumindest in Ihrem Kopf.

Buchen Sie rechtzeitig ein Hotel oder ein Tagungszimmer.

Überprüfen Sie die Fahrtstrecke auf Ihrem Navi oder mit einem Routenplaner im Internet. Es gibt zum Beispiel den Ort Neustadt allein 31 Mal in Deutschland. Das ist einem Kollegen wirklich passiert: richtiger Tag, richtige Zeit, Maritim-Hotel – nur falscher Ort. Peinliches Pech!

Haben Sie die Handynummer Ihrer Kontaktperson vor Ort parat?

Reisen Sie immer am Abend vor der Veranstaltung an. Der Veranstalter und Sie schlafen dann besser, glauben Sie mir!

Klären Sie rechtzeitig, wer Sie ankündigen oder begrüßen wird. Stellen Sie Material für Ihre Begrüßung zur Verfügung. Noch besser: Schreiben Sie den Text auf, mit dem man Sie vorstellen und begrüßen soll!

Vorbereitung II

Sie sind rechtzeitig vor Ort. Sehen Sie sich den Raum genau an!

Testen Sie das Licht, das während der Veranstaltung an sein wird, lassen Sie sich nicht vom Pausenlicht täuschen! Lassen Sie die Bühne für Ihren Vortrag frei räumen; Sie brauchen kein Rednerpult. Und wenn eines da steht – weg damit!

Probieren Sie die Mikrofonanlage aus! Akzeptieren Sie keinen Angestellten, der nur an Knöpfen dreht, verlangen Sie den Tontechniker!

Fragen Sie ganz genau danach, wie viele Zuhörer angemeldet sind, eingeladen wurden oder zugesagt haben. Dann fragen Sie nach der Zahl der Stühle – notfalls zählen Sie schnell selber nach. Akzeptieren Sie niemals, dass zu viele Stühle im Raum sind! Jeder

Was einem alles passieren kann IV

Es war im Sheraton in Frankfurt, ein großer Kongress mit fast 2000 Zuhörern. In der Pause traf ich meine Vorbereitungen für den Vortrag: Tonprobe mit dem Tontechniker und Anschluss des Laptops für die unterstützende PowerPoint-Präsentation, kurze Absprache mit dem Moderator über Bühnenauf- und abgang. Das Licht war in Ordnung – dachte ich. Der Saal war hell erleuchtet, wie ich es mag, weil ich das Publikum unbedingt sehen will, um seine Reaktionen während der Rede genau beobachten zu können. Aber ich vergaß zu fragen, welches Licht während des Vortrags an sein werde, und merkte so nicht, dass das helle Licht nur das Pausenlicht war. Und dann geschah Folgendes: Anmoderation, Köhler auf die Bühne, zwei Scheinwerfer mitten ins Gesicht und der Saal komplett dunkel, kein Kontakt mehr zum Publikum – was folgte, war Schwerstarbeit!

leere Platz kostet Sie Kraft, weil sich das Publikum fragt: »Nanu, ist da jemand nicht gekommen? Hatte der was Besseres vor?« Wenn sich die Stuhlreihen nicht verkürzen lassen, weil es sich um einen Theater- oder Hörsaal handelt, dann lassen Sie die hinteren Sitzplätze sperren.

Fragen Sie genau, wie die Übergänge vom Vorredner zu Ihnen und von Ihnen zum nächsten Redner sein werden! Positionieren Sie an günstiger Stelle eine kleine digitale Uhr! Legen Sie niemals demonstrativ Ihre Armbanduhr ab!

Wenn Sie mit einer PowerPoint-Präsentation arbeiten wollen, klären Sie die Anschlüsse und bereiten Sie alles vor! Vermeiden Sie technische Raffinessen wie Videoeinspielungen oder Schaltungen ins Internet! Machen Sie so etwas nur, wenn Sie dafür einen Mitarbeiter haben, den Sie anschließend fristlos feuern können. Nur dann!

Vorbereitung III

Gehen Sie in ein Bad oder ein WC! Benutzen Sie die Toilette! Putzen Sie sich noch einmal die Zähne! Trinken Sie ab sofort nur noch handwarmes, kohlensäurefreies Wasser! Überprüfen Sie noch einmal Ihre Kleidung und machen Sie Sprechübungen, summen und blubbern Sie!

Ihre Rede beginnt in 15 Minuten. Nichts mehr essen, keinen Kaffee, keine Telefonate! Reden Sie nicht mehr! Perfekt wäre es, wenn Sie in eine kontemplative Grundstimmung kommen. Keine Blicke auf Ihre Stichwortzettel! Sie sind perfekt vorbereitet. Alles wird gut.

Noch 60 Sekunden! Sie hören Ihre Ankündigung. Bringen Sie sich in eine freudige Grundstimmung: Sie dürfen reden, Sie sind damit ausgezeichnet. Rauf auf die Bühne! Der Saal gehört Ihnen.

Stellen Sie sich nicht vor! Ermöglichen Sie den Zuhörern, sich von Ihnen als Mensch eine Vorstellung zu machen. Also erzählen Sie bitte nichts von oder über sich, sondern sprechen Sie aus sich heraus! Es gehört zu den langweiligsten Passagen, wenn ein Redner eröffnet: »Erlauben Sie, dass ich mich zunächst einmal vorstelle!« Innerlich rufe ich jedes Mal: Nein! Ich erlaube nicht! Und wieso zunächst? Ist das Thema so langweilig? Wieso sollte das wichtig sein in Hinblick auf den Inhalt? Rede doch endlich!

Wenn Sie bekannt sind, dann müssen Sie sich nicht vorstellen – dann wird man Sie präsentieren: »Und nun erleben Sie den Elder Statesman Dr. Helmut Schmidt!« Wenn man Sie nicht kennt, dann ist das doch Ihre Chance, ja, dann reden Sie doch so, dass man anschließend den dringenden Wunsch hat, Sie näher kennenzulernen!

Was einem alles passieren kann V

Hans-Uwe L. Köhler war Moderator eines Kongresses in Österreich. Mit jedem Redner wurde rechtzeitig Kontakt aufgenommen, um die Frage der Vorstellung und der inhaltlichen Abstimmung zu klären. Professor Nett sagte: »Ach, lassen Sie mal, ich stelle mich gerne selber vor.« Und dann passierte das auch: Auf einen Overheadprojektor legt der Gute ein Papier mit seinem Foto – Ergebnis: schwarze Leinwand. Was macht der Professor? Er dreht das Papier mit dem Bild um – wieder alles schwarz. Und jetzt kam die Überraschung; nun erzählte dieser arme Tropf 22 Minuten von sich. Übrig blieb ein verärgertes Publikum, das an den inhaltlichen Aussagen schon längst nicht mehr interessiert war.

Spielen Sie auf der Klaviatur der MÖGLICH-KEITEN

Die Sekundenpause

Auf dem »Berliner Oktoberfest« im Jahr 2010, bei einer Politsause im Bierzelt, präsentierte Horst Seehofer ein Kabinettstück politischer Rhetorik unter Verwendung der Kunstpause. Seehofer baute folgende Erwartungshaltung auf: » … nun kommt ein Mann, der vor Kraft kaum laufen kann …« In die nun folgende Pause hinein erhebt sich breit lächelnd Karl Theodor zu Guttenberg, und Seehofer fährt fort:»… der Vorsitzende der CDU/CSU-Bundestagsfraktion Volker Kauder!« Der Schenkelklopfer schlechthin. Seehofer legt nach: »Und jetzt noch der Minister, der einfach nur seine Arbeit macht …« und begrüßt endlich den damaligen Verteidigungsminister. So geht's.

Sei doch wenigstens EINMAL spontan!

Nur in der freien Rede haben Sie die Gelegenheit, spontanen Gedanken zu folgen oder Ereignisse während des Vortrags »just in time« in Ihre Rede zu integrieren. Jedoch, das mit der Spontanität ist so eine Sache – wie die folgende kleine Szene zeigt:

Eine Frau sagt zu ihrem eher langweiligen Ehemann vorwurfsvoll: »Sei doch wenigstens einmal spontan!« Woraufhin der Ehemann sagt: »Also gut, dann gehen wir jetzt ins Kino!« – »Siehst du, erst wenn man es dir sagt, reagierst du!«, befindet die Frau.

Um es auf den Punkt zu bringen: Spontanität ist nicht trainierbar! Es lassen sich aber entsprechende Voraussetzungen schaffen, um ihr den Weg zu ebnen. Nur ein angstfreier Redner kann spontan sein. Sie brauchen Mut und in gewisser Weise auch Rücksichtslosigkeit, um Ihrer Kreativität keine unnötigen Grenzen aufzuzeigen. Daher auch das Motto: »Lieber einen Freund verloren, als auf einen Gag verzichtet!« Wer sich in seiner freien Rede auf das innere Gedankenspiel seiner Assoziationen einlässt, riskiert allerdings auch, dass ihn seine eigenen Gedanken mitreißen, und das muss nicht immer gut enden.

Perfekt ist es, wenn der Redner bei einer freien Rede auf das Geschehen um ihn herum eingeht. Stellen Sie sich die folgenden Situationen vor: Während Sie reden, donnert ein Kampfjet der Bundeswehr über Ihr Hotel oder an einer spannenden Stelle explodiert ein Bühnenscheinwerfer, vielleicht gibt der Beamer seinen Geist auf oder ein Mitarbeiter des Hotelservice kommt in den Vortragsraum. In jedem Fall handelt es sich um eine Störung, die Sie akzeptieren müssen. Sie ist einfach da. Beschweren ist zwecklos!

Doch Sie können mehr daraus machen: Sie binden das Ereignis in Ihre Rede ein! Vielleicht kann der Düsenjet Ihnen ein Stichwort wie Power, Bereitschaft, Zustimmung liefern: »Wie viel Power in meiner Idee steckt, das macht sogar der Düsenjäger deutlich!« Ein explodierender Scheinwerfer »… zeigt die Sprengkraft von Ideen, deren Zeit gekommen ist!«, der defekte Beamer ist ein »Signal für Erneuerung«. Und der Hotelmitarbeiter: »Gut, dass Sie mich an die nächste Pause erinnern – die ist ja schon in 15 Minuten!« Wichtig bei diesen Kunstgriffen ist, dass Sie das Ereignis nicht aufblasen, sondern als normales Ereignis in Ihre Rede einflechten.

Zuhörer lieben Redner, die sich durch ein erträgliches Maß an Selbstbejahung, spielerischer Emotionalität, gekonntes Führen von Gruppen, gelebte Konfliktstabilität und ein breites sprachliches Vermögen auszeichnen.

Mit Störungen umgehen

In einem Luxushotel halte ich einen sehr anspruchsvollen Vortrag über die Philosophie des Samurai Miyamoto Musashi. Dass es beim Schwertkampf immer um Leben und Tod geht, ist der zentrale Punkt der Rede. Und nun gibt es eine unglaubliche These: Musashi denkt über die »Nützlichkeit des Todes« nach. In diesem Vortrag geht es genau um diesen Punkt. Eine heikle Stelle. Von großer Wichtigkeit. Also senke ich die Stimme, die Lautstärke wird leicht reduziert – ich arbeite mich an den Höhepunkt dieser Aussage heran – und dann geschieht das Unglaubliche: Im Nebensaal präsentiert ein Unternehmen eine neue Produktidee und untermalt diesen Augenblick mit Queen – na, Sie können es sich denken: »We are the cham…«

Der Augenblick war zerstört! Die Wirkung der Worte verpufft! Alles umsonst gewesen!

Kann man das verhindern? Ja. Seit diesem Erlebnis kläre ich immer, ob es weitere Saalsektionen gibt, und ob dort zeitgleich Veranstaltungen stattfinden. Und wenn zeitgleich Veranstaltungen stattfinden, frage ich nach dem Inhalt und dem Ablauf – die Regionalkonferenz der Bestattungsunternehmer wird wahrscheinlich nicht stören.

Für Sie und Ihre perfekte Rede gilt: Klären Sie genau die Situation. Und wenn Sie Einfluss nehmen können, dann geben Sie lieber ein wenig Geld aus und belegen Sie die benachbarten Räume.

WAS GUCKST DU?

Haben Sie schon einmal an einer Veranstaltung teilgenommen, bei der jemand seinen Vortrag abliest? Solch ein Vortrag ist keine Rede, sondern eine Lese. Der entscheidende Nachteil der abgelesenen Rede: Der Redner sieht nichts – außer seinem Manuskript. Ab und zu kommt der Kopf hoch – ich frage mich jedes Mal warum? Will der Vortragende überprüfen, ob noch jemand im Saal ist? Sehr beliebt ist auch die Variante mit der Brille: Zum Lesen wird sie aufgesetzt, zum Blick in das Publikum abgesetzt. Was für eine schauspielerische Spitzenleistung. Wenn Sie glauben, während des Vortrags zwischen Manuskript und Publikum hin- und herblicken zu müssen, dann kaufen Sie sich bitte eine Gleitsichtbrille!

Ganz konkret: Wenn ein Text so wichtig ist, dass jedes Wort entscheidend sein kann und Sie deshalb wortwörtlich ablesen müssen, dann geben Sie diesen Text bitte als eine »Erklärung« ab – vor Gericht zum Beispiel ist dies ein erlaubtes und übliches Mittel. Nur mit einer freien Rede hat das dann nichts mehr zu tun.

MANIPULATIONEN

Oft werde ich gefragt: »Herr Köhler, es muss doch Tricks geben, wie man sein Publikum manipulieren kann. Welche verwenden Sie denn so?« Natürlich gibt es sie, und auch ausreichend Literatur, in der diese detailliert beschrieben werden. Es gibt auch Trainer, die ihre Aufgabe darin sehen, ihre Schüler in der Anwendung dieser Tricks zu unterweisen; in harmloser Form nennen sich solche Veranstaltungen »Abwehr unfairer Rhetorik!«. Doch wenn Sie es mit Ihrer Rede ehrlich meinen, und es gibt gute Gründe, das zu tun, dann benötigen Sie keine Tricks.

Was passiert mit Ihnen, wenn Sie Ihr Publikum mit Manipulationen hinters Licht führen? Wenn Sie Glück haben, schaffen Sie es für einen Augenblick, dass Ihre Zuhörer die Manipulation zunächst nicht merken und tatsächlich Ihre Überzeugungen übernehmen. Doch der Tag kommt, an dem dieser Schwindel auffliegt! Und dann? Dann haben Sie Ihre Glaubwürdigkeit verloren – und das für immer. Schlimmer noch: Sie werden sich selber dabei verlieren!

Ich fordere Sie ja auch nicht auf, mit Falschgeld zu bezahlen!

Die sokratische Ja-Straße

Im Verkaufsgespräch gibt es diese Technik, mit der durch geschickte Fragen an den Kunden eine ganze Reihe von logischen Jas produziert wird. In der Konsequenz folgt dann die Überlegung, dass ein Mensch, der zu einem Sachverhalt mehrmals Ja gesagt hat, nicht urplötzlich »Nein!« rufen wird.

Für die perfekte Rede ergeben sich dadurch zwei Möglichkeiten:

Zum einen, Sie entwickeln für eine Argumentation den Turbolader der deduktiven Beweisführung, indem Sie an einem ganz konkreten Punkt Ihrer Rede ganz klare Zustimmung von Ihren Zuhörern einfordern. Sie kreisen das Thema immer weiter ein. Es darf dabei zunächst nicht erkennbar sein, worauf Sie eigentlich hinauswollen – doch ein Ja ist immer möglich. Stetig enger zieht sich dann die Kette der Jas um den strittigen Punkt, bis am Ende nur die Schlussfolgerung bleibt: »Einverstanden!«

Hier ein Beispiel der deduktiven Beweisführung, bei der die Argumentation vom Allgemeinen zum Speziellen läuft.

»Finden Sie nicht auch, dass unsere Welt in absolut
großer Gefahr ist?«
»Ja.«

»Sollte man nicht etwas dagegen tun?«

»Ja, natürlich!«

»Dann wäre es doch vernünftig, Maßnahmen zu ergreifen, die eine möglichst große Wirkung haben!«

»Und ob!«

»Und wenn sich dann noch herausstellt, dass Sie dabei für den Werterhalt Ihres Hauses aktiv etwas tun, dann ist das doch absolut sinnstiftend!«

»Das will ich wohl meinen!«

»Mit unserer Wasserenthärtungsanlage schonen Sie die Umwelt, schützen Ihr Rohrsystem vor der Verkalkung und schenken Ihren Kindern auch noch gesundes Wasser!«

»Wo soll ich unterschreiben?«

Mit einer ergänzenden Idee will ich Sie ermuntern, Ihre ganze Rede mit kleinen Jas zu durchweben. Holen Sie sich bei Ihren Zuhörern so viele dieser klitzekleinen Jas ab, wie es irgendwie nur geht. Als geschickter Redner haben Sie dafür mehrere Möglichkeiten:

- Verwenden Sie selbst so oft es geht das kleine Wort »Ja«.
- Nicken Sie verstärkend, während Sie sprechen.
- Lassen Sie hin und wieder das Wort »Einverstanden?« als scheinbare Frage einfließen.

Ermöglichen Sie Ihren Zuhörern, während Ihrer Rede immer wieder innerlich »Ja« sagen zu können, ohne dabei Widerstand zu provozieren. Diese Passagen müssen so leicht bleiben, dass kein Gedanke daran haften bleibt. Und jetzt kommt der entscheidende Punkt: Kommen Sie zum Ende Ihrer Rede auf diese Jas nicht zurück, indem Sie sich auf die gegebene Zustimmung berufen. Lösen Sie diese Sammlung von Jas nicht auf. Der kleine Schatz gehört Ihnen ganz allein. Der Lohn ist die allgemeine Zustimmung im Schlussapplaus.

Besuch auf dem FRIEDHOF DER PHRASEN

Und der Redner hebt mit großem Pathos an: »Meine sehr verehrten Damen und Herren [gedankenschwere Pause], wussten Sie eigentlich [noch mal eine Pause], dass das chinesische Schriftzeichen für Krise – Wei-Ji – sich aus den Schriftzeichen von Chance und Risiko zusammensetzt [Riesenpause]?« Großes Erstaunen bei allen Zuhörern ob des Wissens des Redners? Keineswegs. Totengelächter!

Dieses Wissen ist so ausgelutscht, dass es peinlich ist, wenn man es hören muss! Es ist im Übrigen ein Musterbeispiel für die hemmungslose Übernahme von Vortragsfloskeln und Seminargeschichten, um einen scheinbar aktuellen Bezug herzustellen.

Viele Phrasen entstehen durch Routine oder eine gewisse Selbstverliebtheit des Redners. In der folgenden Formulierung wird das deutlich: »Wie sage ich immer so gerne …« In dieser Phrase sind zwei Dinge gefährlich: zunächst die selbstverliebte Begeisterung »… ich … so gerne …« und dann der Hinweis auf die wiederholte Wiederholung »… immer …«. In Wirklichkeit ist diese Phrase Ausdruck höchster Langeweile und damit die Verabschiedung des Redners bei seinen Zuhörern.

 Kündigen Sie nicht an, was Sie gerne sagen – sagen Sie es gerne!

Mancher Redner liebt es, sich auf Autoritäten zu berufen. Hier zwei Beispiele, wie man damit eine Rede wunderbar verhunzen kann: »Wie der Lateiner so schön sagt …!« Leute, die Lateiner sind tohot! (Alle Lateinlehrer werden mir verzeihen …) Und das großartige Potenzial des lateinischen Denkens sollte bitte nicht so missbraucht werden! Das zweite Beispiel: »Ein berühmter Dichter sagte einmal …« Stopp. Wenn der Dichter berühmt ist, dann hat er einen Namen mit Klang – also her damit! Das stärkt Ihre Rede wirklich. Wenn sein Name keinen Klang hat, dann vergessen Sie ihn!

Protzen Sie nicht mit Ihrem Wissen oder mit Ihrer Bildung – geben Sie die Richtung in Ihrer Rede durch die Klarheit Ihrer Gedanken vor!

EINSTIEGSFRAGEN

Die direkte Frage ist die beste Methode, um mit Ihrem Publikum in engen Kontakt zu treten. Verlassen Sie die Bühne oder den Standort, von dem aus Sie sprechen, und wenden Sie sich direkt an das Publikum. Sie sollen kein Zwiegespräch mit ihm führen, sondern die Zuhörer für Sie öffnen. Stellen Sie Fragen, die kein Fachwissen verlangen.

Wenn Sie Ihr Publikum fragen: »Wer von Ihnen hat schon einmal …?«, dann heben Sie Ihre Hand mit hoch. Sie zeigen Ihren Zuhörern damit, dass ihre Beteiligung erlaubt und erwünscht ist.

Der Gesundheitsexperte Slatco Sterzenbach beteiligt sein Publikum mit einer pfiffigen Frage. Zunächst ganz nett und harmlos: »Sagen Sie, sind auch für Sie Gesundheit und Fitness zwei wesentliche Faktoren für ganzheitlichen und langfristigen Erfolg?« Wer wagt es da schon, zu widersprechen! »Ist das tatsächlich so, dass für Sie alle die Gesundheit an sich einen hohen Wert darstellt? So wie im Volksmund gesagt wird: Gesundheit ist das höchste Gut! Wer von Ihnen das auch so sieht, steht doch bitte einfach mal auf …« Und schwupp steht der ganze Saal. Sterzenbach weiter: »Fein! Sie stehen alle! [Kunstpause] Erlauben Sie, dass ich kurz überprüfe, ob Sie das auch wirklich so leben. Also – wer von Ihnen raucht oder Alkohol trinkt [Kunstpause], darf sich wieder hinsetzen.« Zack, die Ersten sitzen. »Wer von Ihnen schläft weniger als sechs Stunden und das mehr als dreimal pro Woche? [Kunstpause] Bitte nehmen Sie Platz!« »Wer von Ihnen schafft es nicht, pro Tag zwei große Hände voll Obst oder Gemüse zu essen? [Kunstpause] Sie dürfen sich setzen!« »Wer von Ihnen läuft weniger als dreimal die Woche

30 Minuten?« Und dann kommt die letzte Frage für den spärlichen Rest: »Wer von Ihnen schafft es nicht, mindestens zweimal die Woche ein Krafttraining von 15 Minuten zu absolvieren – bitte nehmen Sie Platz!«

Raten Sie, wie viele Menschen nach diesen wenigen Fragen noch stehen? Zwei bis drei Prozent – im Höchstfall. Für das Publikum ist das eine wirklich beeindruckende und nachhaltige Demonstration.

Diese Art, mit dem Publikum zu arbeiten, funktioniert immer, wenn Sie folgende Spielregeln einhalten:

- Die Fragen müssen direkt mit Ihrem Thema zu tun haben.
- Die Fragen müssen aufgelöst werden.
- Machen Sie kein Spiel um des Spieles willen.
- Blamieren Sie keine Zuhörer! Niemals!
- Hüten Sie sich vor dem verführerischen Genuss der Macht, die Sie in diesem Augenblick haben!

Die EINSCHÄTZUNGSFRAGE

Gut geeignet für den Beginn sind Einschätzungsfragen. In meinem Vortrag »Verkaufen ist wie Liebe!« frage ich: »Wer muss Ihrer Meinung nach beim Flirten beginnen, damit es zur Eskalation kommt? Der Mann? Die Frau? Oder ist es egal?« Und egal, wer sich meldet, wie viele sich daran beteiligen, diese kleine Aktion setzt so viel Energie frei, dass dies im ganzen Raum spürbar ist. Welche Einschätzungsfrage Sie stellen, sollte sich in jedem Fall von Ihrem Thema ableiten.

Sie können auch mehrere Fragen hintereinander stellen, um ein Thema einzukreisen.

Stellen Sie sich vor, Sie würden anlässlich des Weltmännertages einen Vortrag halten. Dann könnte das so gehen:

> »Was denken Sie – wer hat mehr Übergewicht: Männer oder Frauen?«
> »Richtig: etwa 60 Prozent aller Männer sind übergewichtig und nur 43 Prozent aller Frauen.«

> »Schätzen Sie einmal, wie viele Männer über 30 noch bei ihrer Mutter leben?«
> »Sie werden staunen – etwa vier Millionen!«

> »Können Sie schätzen, wie viel Prozent der Alleinerziehenden in Deutschland Frauen sind?«
> »Überraschung: 90 Prozent sind Frauen!«

Und jetzt geht es mit Ihrem geplanten Vortrag los:

> »Das Thema heute ist ›Der neue deutsche Mann‹ und an diesen drei vorausgegangenen Fragen können Sie erkennen: Den neuen Mann gibt es nicht wirklich – er wohnt bei Mama, isst zu viel und wenn es kindermäßig konkret wird, dann ist er weg!«

Das Quiz

Auch das Quiz ist eine sehr gute Möglichkeit, den Dialog mit dem Publikum zu eröffnen. Gehen Sie auf das Publikum zu und fragen Sie unvermittelt:

> »Wer flog als Erster über den Atlantik?«

Wahrscheinlich rufen sofort mehrere Zuhörer: »Charles Lindbergh!«

»Genau! Sie haben recht! Charles Lindbergh flog 1927 als Erster nonstop aus den USA über den Atlantik nach Europa. Wer von Ihnen kennt jedoch den Namen des Piloten, der als Erster von Europa aus nonstop in die USA flog?«

Mit allergrößter Sicherheit kennt die Antwort das Publikum nicht.

»Das ist doch erstaunlich! Wir merken uns immer nur die Ersten, die Sieger, das können Sie bei jeder Sportbericht-erstattung beobachten. Deshalb ist das Thema ›Positionierung im Markt‹ heute aktueller denn je – und darum geht es in den nächsten dreißig Minuten.«

Damit Sie zukünftig mit der richtigen Antwort glänzen können: 1928 gelang Köhl, Hünefeld und Fitzmaurice mit einer Junkers W 33 als Erste der Nonstop-Transatlantikflug von Ost nach West.

Das Geschenk

Wenn Sie vor einer Gruppe von Menschen sprechen, die größer als 100 Personen ist, dann können Sie mit der folgenden Frage einen schönen Einstieg schaffen: »Wer hat heute Geburtstag?« Sie haben gute Chancen, dass sich jemand meldet. Bitten Sie diesen Zuhörer nach vorne, überreichen Sie ein kleines, vorbereitetes Geschenk, unterhalten Sie sich kurz, das Publikum wird von allein applaudieren und Sie haben in jedem Fall eine entspannte und positiv geladene Atmosphäre.

Wenn sich niemand meldet? Dann fragen Sie: »Wer hatte gestern Geburtstag?« Und wenn sich dann immer noch niemand meldet, fragen Sie: »… und in dieser Woche?«

Was man aus so einer simplen Frage noch alles machen kann, erfahren Sie im folgenden Beispiel.

»Wer von Ihnen hat heute Geburtstag?« Mit großer Geste wird der Raum abgesucht, dabei leicht die Hand gehoben – bis sich jemand meldet. »Ah, die junge Dame da hinten. Bitte – kommen Sie doch nach vorne. Hallo und zunächst einmal herzlichen Glückwunsch zu Ihrem heutigen Geburtstag. Darf ich Sie fragen, in welchem Jahr das war, jedenfalls so ungefähr – 1985?« Deutliche Hinwendung an das Publikum: »Meine sehr geehrten Damen und Herren, ich möchte Ihnen jetzt eine potenzielle Siegerin vorstellen, einen außergewöhnlichen Menschen, der es schafft, auch die größten Herausforderungen des Lebens zu meistern!« Frage an die Dame: »Würden Sie sich als potenzielle Siegerin sehen? Als einen außergewöhnlichen Menschen?« – »Na ja, eher nicht …« – »Wieso?« – »Ach, so was Besonderes bin ich eigentlich nicht …« – »Jetzt passen Sie mal auf.« Hinwendung zum Publikum: »Die Geschichte dieser Frau beginnt 1984 …« Zwischenruf: »Sie ist 1985 geboren …!« – »Wie gesagt, die Geschichte dieser Frau beginnt 1984 – als ihr Vater eine unglaubliche Summe an potenziellen Kandidaten ins Universum schleuderte! Erinnern Sie sich? Es war ziemlich dunkel! Sie haben definitiv nichts gesehen. Aber Sie waren im Wettlauf mit Millionen Kandidaten so schnell, dass Sie als Erste die kleine Zelle im Schoß Ihrer Mutter fanden. Und dann – 1985 kamen Sie auf diese Welt!«

Hinwendung an das Publikum: »Sie alle haben die gleiche Reise hinter sich, Sie alle mussten zum Start Ihres Lebens einen unglaublichen Wettbewerb gewinnen – und wenn Ihnen das damals gelungen ist, wovor sollten Sie heute noch Angst haben? Und das ist das Thema dieses Kick-offs: Wir gewinnen den Wettbewerb!«

Wie wichtig ist die GESPIELTE DARSTELLUNG bei einer Rede?

Schauspielerischer Einsatz ist bei jeder Rede von unschätzbarem Wert. Wenn es darum geht, große Mengen von Menschen zu beeindrucken, dann ist die Darstellung der Acker für die Samenkörner in der Rede. Seit Menschengedenken wird mit dieser Methode gearbeitet. Feste und Rituale bestätigen die herausragende Bedeutung der Inszenierung – man muss ja nicht gleich zu Menschenopfern greifen ...

Es gibt wirklich beeindruckende Formen der theatralischen Präsentation: Bei der Jahres-Convention der German Speakers Association 2010 in Köln zeigte die Gruppe »The Passing Zone« einen Jonglierakt mit drei laufenden Motorkettensägen! Und während diese Höllenmaschinen bei den Zuschauern den Wunsch entstehen ließen »Bitte nicht danebengreifen!«, hielten John Wee und Owen Morse einen Impulsvortrag über die Bedeutung der Harmonisierung bei Arbeitsabläufen. Das passte und war von der Gestaltung her absolut stimmig.

Ihre Performance muss unbedingt originell und einzigartig sein! Wenn Sie wie manche deutschen Gedächtnistrainer mit den immer gleichen Mustern arbeiten, zum Beispiel damit, wie man sich die letzten zehn amerikanischen Präsidenten merken kann, dann verbraucht sich die allerbeste Darstellung von ganz alleine. Sie müssen immer damit rechnen, dass Zuhörer wiederkommen, aus ganz unterschiedlichen Gründen. Schlimm ist es dann, wenn ein Teilnehmer vor sich hin murmelt: »... den kenn ich auch schon!«

Aktualität
UND INTERNET

So faszinierend die Möglichkeiten durch das Internet sein mögen – gefährlich für Redner sind sie allemal. Schnell lässt sich ein Bild oder ein kleiner Videofilm herunterladen und – bei manchen Rednern spürt man das auch – in letzter Minute reinflicken.

Wenn Sie glauben, der Aktualität verpflichtet zu sein, dann muss der Vortrag trotzdem handwerklich sitzen. Vermeiden Sie bei Ihrem

Vortrag in jedem Fall Liveschaltungen ins Internet. Wie schnell kann eine Schaltung schiefgehen – und Ihre Vorstellung ist im Eimer!

Die Konsequenzen für Ihre Rede sind simpel:

- Jede noch so gute Präsentation altert mit jedem Tag.
- Ihre Zuhörer sind Zuseher – und ganz schnell satt.
- Unterstützende Elemente für Ihre Rede dürfen niemals zum Selbstzweck verkommen.

Wenn Sie für Ihr Unternehmen reden, dann achten Sie darauf, dass Ihre Rede so originell gestaltet wird, dass man Sie in Erinnerung behält. Lassen Sie sich bei der Präsentationsgestaltung nicht von vermeintlichen Kommunikationsexperten in ein Design quetschen, das nur dem Auftrag genügt, die Corporate Identity zu erhalten. Kein Bühnenbildner des Staatstheaters käme auf die Idee, ständig die Nationalflagge ins Bühnenbild einzufügen.

Wenn Sie CEO sind oder sonst irgendein »großer Boss«, werden Sie sich vermutlich bei Reden zuarbeiten lassen. Denken Sie immer daran, dass Ihnen Ihre Assistenten, Referenten und Praktikanten gefallen wollen oder sogar Angst vor Ihnen haben. Und so sind dann auch oft die Redeentwürfe: gehaltlos, glatt, unangreifbar, weil ohne Aussage.

Trennen Sie sich von unkritischen Zuarbeitern. Wenn Sie glauben, Unterstützung zu brauchen, dann müssen diese Menschen unabhängig sein.

DIE PAUSE
ist der wahre Verstärker

Mit dem Instrument der Pause geben Sie Ihrer Rede Farbe, Sound und vor allem Gewicht. Es ist nur die zweitbeste Entscheidung, wenn Sie versuchen, in Ihrer Rede Pausen »zu machen«. Besser ist es, wenn Sie Pausen »geschehen« lassen. Pausen geschehen dann, wenn die Absicht der Rede stimmig ist. Wenn Sie wirklich »eindringlich« reden wollen, dann kommen die Pausen automatisch.

- Ein Redner, der am Inhalt oder an der Wirkung seiner Reden kein wirkliches Interesse hat, macht keine Pausen – er will fertig werden.
- Ein arroganter, sich selbst überschätzender Redner macht keine Pausen – er hat ja schließlich verstanden.
- Ein Fachmann macht keine Pausen: Wenn die Leute es nicht kapieren – selber schuld.

Wenn Sie vom Inhalt, vom Ziel, von der Kraft der Aussage »beseelt« sind, dann werden Sie von ganz alleine die richtigen Pausen finden und geschehen lassen. Es wird ein Genuss, Ihnen zuzuhören!

Humor
und andere Ungerechtigkeiten

Häufig wird Rednern empfohlen, doch mit ein wenig Humor ihren Beitrag aufzulockern. Das ist einfacher gesagt als getan. Vorab drei Fragen: Können Sie über sich selber lachen? Können Sie über Ihre Marotten schmunzeln? Macht es Ihnen nichts aus, sich bis auf die Knochen zu blamieren? Dreimal Ja? Gut. Dann brauche ich Ihnen über Humor nichts zu erzählen!

Dreimal Nein? Auch gut. Dann lassen Sie bitte die Finger von dem Versuch, mit Humor etwas würzen zu wollen! Sie verhunzen nur Ihren Beitrag.

Ich bin der Überzeugung, dass Humor nur an der Universität »Wahres Leben« gelehrt wird. Hier können also höchstens kleine Beispiele gegeben werden, wie man Humor in einer Rede einsetzen könnte, wenn man sich denn traut …

Stellen Sie sich folgende Szene vor: Sie sind bereits mehrere Minuten dabei, Ihre Rede zu halten. Plötzlich geht die Tür auf, ein verspäteter Teilnehmer betritt den Raum und sucht nach einem Platz. Das bedeutet in jedem Fall eine Unterbrechung. Als Redner haben Sie jetzt keine Chance weiterzusprechen. Sie müssen in jedem Fall warten, bis dieser Mensch sitzt. Dieser Unhold, einerseits ein unhöflicher Rüpel, weil er zu spät kommt, andererseits ein liebenswertes Geschöpf, weil er wirklich Ihren Vortrag hören will! Bei dem Suchen nach einem Platz wird er vermutlich auch noch ein paar Gläser umstoßen.

Was machen Sie in einer solchen Situation?

Erste Möglichkeit:

> »Ich wusste nicht,
> wann Sie kommen würden,
> und deshalb habe ich schon mal angefangen,
> aber Sie werden schnell reinfinden
> – ich mach dann mal direkt weiter –,
> einverstanden?«

Zweite Möglichkeit:

> »Kommen Sie ganz nach vorne,
> hier ist noch ein Platz frei,
> da will eh nie jemand sitzen,
> und ein bisschen Strafe muss sein.
> Außerdem wollen alle sehen, wer da zu spät kommt.«

Und wenn die Atmosphäre im Saal es erlaubt, dann gehe ich von der Bühne auf diesen Menschen zu:

> »... ich bin Hans-Uwe Köhler und wie ist Ihr Name?«
> »Willkommen, prima, dann machen wir jetzt gemeinsam weiter!«

Ich MÖCHTE diese Rede
NICHT HALTEN!

Szene 1

Horst Seehofer kommt nach Oberfranken zum regionalen Parteitag der CSU. Und die Süddeutsche Zeitung berichtet am 26. Oktober 2010 in etwa so: »… andere Bezirksvorsitzende wärmen die Zuhörer nur kurz auf, bevor der Parteichef spricht. Guttenberg verspricht auch sehr höflich, sich kurz zu halten. Dann referiert er über die große Politik. Es geht um die Weltwirtschaft. Da klatscht Seehofer noch freundlich. Es geht um Cyberwar, Integration. Seehofer klatscht noch verhalten. Es geht um die Wiedervereinigung, Verteidigungspolitik. Seehofer klopft nur noch müde auf den Tisch. Am Ende von Guttenbergs Rede geht Seehofer ermattet ans Rednerpult. Ihm bleibt nichts als zu sagen: ›Ich möchte nicht die Rede halten, die ich eigentlich vorhatte.‹«

In einem einzigen Augenblick hat er alles falsch gemacht! Die Frage bei allen Zuhörern liegt doch nun auf der Hand: Warum nicht? Hat er nichts mehr zu sagen? Hat er *uns* nichts mehr zu sagen?

Wer zu oft Reden ablesen muss, verliert die Fähigkeit, kreativ in einer Situation zu reagieren. Wie einfach wäre es gewesen, sich an die Rede von Guttenberg ranzuhängen, etwa in der Form: »… Ihre Ausführungen, lieber Baron, verlangen geradezu nach Ergänzungen! …« Und dann los!

Genau das machte Angela Merkel nach der Rede von Frank-Walter Steinmeier am 24. November 2010 in der Haushaltsdebatte. Nachdem Steinmeier eine rückwärtsgewandte Rede hielt, die von der Süddeutschen Zeitung mit dem Kommentar: »Die SPD, ein erloschener Vulkan« abgewatscht wurde, beginnt die Bundeskanzlerin mit dem Satz: »Lieber Herr Steinmeier, nach Ihrer Rede habe ich nur noch ein einziges Bedürfnis: endlich eine Rede über die

Zukunft Deutschlands zu halten!« Die schwarz-gelbe Gefolgschaft johlt: Was für eine Eröffnung!

Szene 2

In einem Frankfurter Hotel berichtet ein Verkaufstrainer zu Beginn seiner Rede von einem Erlebnis während der Anreise. Im Flugzeug hätte eine Dame sich für seine Arbeit interessiert, habe einen Blick auf seine Folien geworfen und gemeint: »Darüber sollten Sie nicht reden. Es ist doch viel interessanter zu hören, was Sie so erlebt haben!« Und nun eröffnet der Trainer dem erstaunten Publikum, dass er sein Programm geändert hat und deshalb etwas gänzlich anderes vortragen wird. Na, toll.

Die Teilnehmer waren doch aber wegen ihm und seinem angekündigten Thema gekommen – gut, auch wegen der anderen Redner, aber eben auch wegen ihm. Und welche Kompetenz hat diese unbekannte Dame, die einen erfahrenen, international anerkannten Redner aus der Bahn wirft? Pure Enttäuschung bei den Teilnehmern, Unverständnis beim Veranstalter und durchgefallen bei der Veranstaltungsbeurteilung.

Schlussfolgerung

Wenn Sie eine Rede halten, die in einen Reigen anderer Reden eingebunden ist, dann bereiten Sie sich immer doppelt vor: Zum einen bereiten Sie Ihre freie Rede zu dem Thema vor, das Ihnen vorschwebt. Dann bereiten Sie sich mental darauf vor, dass Sie blitzschnell ein anderes Thema besprechen müssen – für den Fall, dass der Vorredner Ihnen wichtige Gedanken vorwegnimmt oder völligen Unsinn erzählt, den Sie so nicht ohne Widerspruch im Raum stehen lassen können.

So tun als ob – das ist Ihr Rettungsanker

Ist es Ihnen schon einmal passiert, dass Sie einen außerordentlich wichtigen Vortrag halten sollten, leider aber plötzlich erkrankt waren? Und dann? Mir passierte genau das: Der Auftritt war in Frankfurt am Main geplant. Anreise am späten Abend. Mieses Hotel in Bahnhofsnähe. Fenster zum Innenhof und viel zu warm. Am Morgen wachte ich mit den typischen Symptomen für einen grippalen Effekt auf. Ich war krank! Was tun? »Hast du in deinem Werkzeugkoffer als Redner irgendetwas, was dich jetzt rettet?«, grübelte ich. Die Lösung war ganz einfach: Ich stellte mir die Frage: »Was würdest du denn tun, wenn du absolut gesund wärest?« Ja dann – dann würde ich erst duschen, dann kräftig frühstücken, mich danach chic anziehen, mit einer leuchtend roten Krawatte auftreten und eine Rede halten, dass die Zuhörer in Verzückung geraten. Und so geschah es dann auch. Ich habe mich nach der Methode verhalten: »So tun als ob!« Zugegeben, eine ziemlich einfache Idee – allerdings hochwirksam. Nach einer Stunde Vortrag war ich so durchgeschwitzt, dass ich meine nasse Krawatte nicht mehr lösen konnte. Ich hatte jedoch drei Ziele erreicht: einen begeisterten Kunden, der seinen Kongressplan nicht umschmeißen musste, attraktive Folgeaufträge und mein Rekord blieb bestehen. Bis heute habe ich in über 33 Jahren Rednerkarriere nicht eine einzige Veranstaltung absagen müssen! Dazu braucht man sehr, sehr viel Glück, eine robuste Natur und den festen Willen, es durchzuziehen – ach ja, und beinahe vergessen – mindestens vier Schutzengel!

Das ist der Grund, weshalb ich, obwohl überwiegend als Schlussredner eingeladen, ganze Veranstaltungstage lang den Vorrednern zuhöre, um nicht in diese Fallen zu tappen.

■ Sagen Sie nie, dass Sie, aus welchem Anlass auch immer, auf Ihre geplante Rede verzichten wollen.

- Sagen Sie nie, was Sie eigentlich tun, sagen oder veranstalten wollten.
- Sagen Sie nie, was andere schon gesagt haben.

Jedoch:

- Sagen Sie immer das, was Sie wollen, auch wenn es etwas anderes ist, als Sie geplant haben.
- Sagen Sie immer, was Ihnen wichtig ist.
- Halten Sie immer die Zusage ein, dass Sie reden werden, und zwar zum Thema – auch wenn es letztendlich abweicht –, weil das für das Vertrauen der Zuhörer wichtig ist.

HANDwerkszeug:

Ton,
Stimme,
SPRACHE,
DENKE,
Gestik

sind keine Redner **Architekten**

Erinnern Sie sich an den letzten Vortrag, den Sie gehalten oder gehört haben? Obwohl ich nicht dabei war, werde ich versuchen, Ihnen die Bühnensituation zu schildern: in der Wand- oder Bühnenmitte die Leinwand für die Präsentation, aus Sicht der Zuhörer rechter Hand das Rednerpult, und falls ein Verband der Veranstalter war, dann stand links ein Tisch mit mehreren Stühlen für einen »Vorstand«. Nun meine Frage: Wen oder was hat diese Architektur bei diesem Bühnenaufbau in den Mittelpunkt gestellt? Richtig: die Leinwand. Wer muss kämpfen? Der Redner – auch noch gegen ein Präsidium!

Deshalb gilt für die perfekte Rede: Stellen Sie sich niemals an ein Rednerpult – das ist der perfekte Sarg für jeden Redner. Die Mitte der Bühne gehört immer Ihnen und sollte immer frei sein. Niemals dürfen andere Menschen neben oder hinter Ihnen sitzen. Einzige Ausnahme hiervon: der Elferrat in einer Karnevalssitzung. Projektionsflächen, wenn sie erforderlich sind, sollten in doppelter Ausführung – links und rechts von Ihnen – angeordnet sein. Entscheiden Sie wie ein Theaterregisseur! Auf die Bühne gehört nur das, was zu Ihrem Stück passt. Stellen Sie sich bitte einmal vor, Sie wollten über die Entwicklung von Kupferpreisen reden, um Kapitalgeber für einen Grubenbau zu gewinnen, und um Sie herum stünden Blumengestecke! Ein No-go, da gehören Bagger hin!

Die folgenden beiden Beispiele zeigen Unterschiede der Bühnenpräsentation deutlich. Zum einen Pater Leppich: Dieser Jesuit, genannt das »Maschinengewehr Gottes«, kümmerte sich weder um die Technik noch um die Ausstattung seiner Bühne – aber er ging dorthin, wo er seine Zuhörer treffen konnte. So kletterte er zum Beispiel vor Fußballstadien auf die Pritsche seines VW-Busses und hielt von dort seine Rede. Stellen Sie sich das einmal bildlich vor: Auf dem Weg ins Stadion, angefüllt mit der Euphorie eines sportlichen Großereignisses, emotional angesiedelt zwischen dem Hoffen auf den Sieg und dem Bangen um die Niederlage, treffen die Menschen unerwartet auf Gottes Wort!

Auch der amerikanische Fernsehprediger Dr. Robert Schuller sprach zu Beginn seiner Karriere von Lkw-Pritschen herunter oder vom Dach des Vorführhäuschens eines Autokinos. Und heute? Heute ist seine »Bühne« eine komplett inszenierte Kirche: Crystal Cathedral, ein Festspielort mit Platzanweisern, Orgel, Chor und Orchester in beeindruckender Größe. Das Gebäude selbst hat mehr als 10 000 verspiegelte und bewegliche Glasscheiben, die den Blick in den kalifornischen Himmel freigeben.

Man spricht STEHEND vor einer Gruppe

Hier ein kleines Negativbeispiel: Auf einem Kongress mit über 1500 Teilnehmern wird als nächster Programmpunkt ein Vortrag angekündigt. Zwei Redner – ein Ehepaar – sollen zum Thema »Führung von Mitarbeitern« referieren. Und so präsentierte sich das Bühnenbild: in der Mitte die Leinwand, davor ein Overheadprojektor und links und rechts davon zwei Stühle. Die beiden Vortragenden betraten die Bühne und – setzten sich rechts und links auf die beiden Stühle. Innerhalb von Sekundenbruchteilen hatten sie den Kontakt zum Saal verloren und zelebrierten eine private Veranstaltung. Das Ergebnis war erschreckend: Publikum verloren, nie wieder von diesem Konzern eingeladen – von der Bildfläche verschwunden.

Wenn der Vortragsort zur Falle wird

Es ist natürlich immer großartig, wenn sich der Inhalt Ihrer Rede mit dem Ort der Veranstaltung in Einklang bringen lässt. Ihr Thema »Auf dem Weg zum Mars« kann keinen besseren Ort finden als das Raumfahrtzentrum Oberpfaffenhofen. Über Geldanlagen lässt sich hervorragend an der Frankfurter Börse parlieren. Wenn Sie Schiffsbeteiligungen verkaufen wollen, dann auf dem ehemaligen Großsegler Rickmer Rickmers im Hamburger Hafen. So weit zur idealen Situation.

Aber Ihre Rede muss auch unter weniger idealen bis widrigen Umständen funktionieren. Kaltes Neonlicht, PVC-Möbel, einfachste Stühle, Kantinenatmosphäre inklusive des Geruchs von abgestandenem Essen, Gehämmer am Gebäude oder Gesangsmikrofon mit schwerem Kabel.

Hierzu drei Erlebnisse, die Köhler hinter sich hat: Im Odenwald musste ich in einem Weinkeller sprechen – dabei saßen die Zuhörer in einer einzigen langen Reihe links und rechts an Tischen – und das bei einem immer dunkler werdenden Kellergewölbe. Und dieser Kellergang war richtig lang. Keine Chance bei drei Viertel der Zuhörer für Blickkontakt mit dem Redner und umgekehrt.

In St. Moritz hatte man die 200 Gäste in drei verschiedenen Räumen platziert. Wirkung: Jeweils zwei Drittel der Zuhörer sahen vom Redner nur die Seite oder den Rücken.

Das Schlimmste aber, was man Ihnen als Redner zumuten kann, sind Säulen! Es ist absolut unglaublich, was sich Architekten manchmal erlauben. Es ist wirklich überraschend, wie oft man in Hotels Konferenzräume mit Säulen vorfindet. Die stehen da einfach im Raum herum! Jeder Architekt wird sich herausreden und darauf hinweisen, dass aus statischen Gründen die Säule notwendig sei,

was oft einfach heißt, dass der Bauherr kein Geld ausgeben wollte – schließlich ist eine säulenfreie Konstruktion teurer. In Stuttgart jedenfalls waren die Säulen so positioniert, dass die Trennung
ein Drittel des Saales ausmachte. Trotzdem hatten die Mitarbeiter
des Hotels auch in diesen Teil Zuhörerstühle gestellt, die den dort
sitzenden Teilnehmern einen Blick auf den Referenten einfach unmöglich machten. Nur durch einen trotzig verlangten Stuhlumbau
konnte Schlimmeres verhindert werden.

Wenn Sie eine Veranstaltung planen, dann achten Sie auf solche
Details – und suchen Sie sich einen anderen Ort. Wenn Sie als Redner keine Wahl haben, dann lassen Sie Ihre Zuhörer Ihre Verzweiflung nicht merken. Machen Sie Ihren Frieden mit solchen Orten:
Hier werden Sie eben keine perfekte Rede halten können.

Zerlasern
Sie Ihren Vortrag nicht!

Falls Sie Wissenschaftler oder Ingenieur sind, dann werden Sie vermutlich gerne ins Detail gehen. Das ist prinzipiell sehr gut. Doch
bei Ihrer perfekten Rede bietet diese Neigung eine Falle für Sie: der
Laserpointer in der Fernbedienung Ihres Laptops.

Haben Sie schon einmal erlebt, wenn ein Redner sich der Leinwand
zuwendet und dann mit seinem roten Strahl über das Bild irrlich-
tert mit den unglaublichen Worten: »… und hier sehen Sie …«
Nichts sieht man!

Jeder Laserpointer macht Ihren Vortrag kaputt! Überlegen Sie: Sie
wollen ein wirklich wichtiges Detail zeigen? Warum machen Sie
dann nicht vier oder sechs Fotoschritte – eine richtige Kamerafahrt
auf den Punkt? Dann wüssten Ihre Zuschauer, wo Ihr Ausgangs-
punkt ist und wo genau die so ungemein wichtige Information versteckt liegt.

Was einem alles passieren kann VI

Ich bin bei einem Vertriebs-Kick-off eines internationalen Konzerns in die Stadthalle in Hannover als Keynote-Speaker eingeladen. Wie immer bin ich den ganzen Tag dabei, um mir die Ausführungen der Vorredner anzuhören. In den Pausen merke ich, dass der Fußboden eigenartig glatt ist, denke aber nicht weiter darüber nach. Dann endlich geht es los! Anmoderation: »... und jetzt Hans-Uwe Köhler ...« Ich springe auf, gehe in dynamischem Tempo nach vorne, um in wenigen Sätzen die Bühne zu betreten. Und da passiert es: Ich rutsche aus und schlage flach und ungebremst auf dem Bühnenboden auf. Zum Glück ist mir nichts passiert. Noch nicht mal Staub auf dem Anzug. Ohne das Ereignis zu kommentieren, habe ich mit meiner Rede losgelegt ...

Kann man solche Desaster verhindern? Vermutlich nicht. Gelegentlich denke ich mir, viel mehr kann dir eigentlich nicht passieren – aber wer weiß das schon genau?

Mikrofon:
won, tu, srie

Mikrofone sind für Redner nicht nur nützliche Verstärker – sie können auch zu richtigen Redenzerstörern werden, zum Beispiel wenn es mit dem Ton nicht wirklich klappt.

Klären Sie rechtzeitig, welche Mikrofone vorhanden sind. Standmikrofone in Rednerpulten kommen für Sie nicht infrage – Sie sprechen frei.

Wenn Sie ein Ansteckmikrofon bekommen, dann achten Sie darauf, wo man es Ihnen hinsteckt – und in welche Richtung Sie den Kopf drehen werden. Wäre doch äußerst ungeschickt, wenn das kleine Ding am linken Revers steckt und Sie ständig den Kopf nach rechts drehen!

 Probieren Sie alles vorher mit dem Tontechniker ganz genau aus!

Gehen Sie durch den Raum, durch den Saal, über die Bühne, um nach Rückkopplungen durch Lautsprecher zu suchen. Bei Gefahr der Rückkopplung lassen Sie sich auf den Boden mit Tape Merklinien kleben, die Sie dann nicht übertreten dürfen.

Wenn man Ihnen ein Handmikrofon gibt, dann denken Sie daran, dass Sie kein Sänger sind! Legen Sie den Mikrofonkopf auf Ihr Kinn – und dort bleibt er liegen! Fuchteln Sie mit dem Ding nicht rum – sonst hört man Sie nicht mehr!

Es gibt für Sie nur ein wirklich gutes Mikrofon: ein Headset von DPA! Diese werden im Fernsehen und auch in Musicals eingesetzt. Natürlich bietet heute jedes Hotel ein »Headset« an – doch das sind häufig Plastikmonster, die Sie nur entstellen. Wer so ein Ding am Kopf hat, braucht weder einen Friseur noch ein Make-up. Sollten Sie ein professioneller Redner sein, dann kaufen Sie sich ein DPA mit den Wechselanschlüssen für die Sender von Shure, Sennheiser und anderen.

Noch ein kleiner Tipp: Das Kabel vom Mikrofon zum Sender lassen Sie unter Ihre Bluse oder unter Ihr Hemd auf dem Rücken »verlegen«, von mir aus auch verkleben oder mit Sicherheitsnadeln fixieren. So umgehen Sie das unschöne Bild, dass um Sie herum ein Kabel schlackert – am besten noch im Schritt.

Wenn Sie Mikrofonproben machen, dann sprechen Sie das mit dem Techniker ab. Verwenden Sie Worte, die Sie später auch sprechen werden – dass Sie englisch zählen können, glaubt Ihnen jeder, also kein won, tu, srie! Nehmen Sie ein paar Zeilen aus der »Ode an die Buchstaben« (siehe S. 134).

Wohin
mit den HÄNDEN?

Das ist eine interessante Frage: Wozu sind die Hände da? Natürlich – sie sind Werkzeuge, aber nicht nur, um damit zu arbeiten, sondern auch, um damit zu reden! Kindern bringt man allerdings etwas völlig anderes bei: Fuchtel nicht so rum, drängle nicht so und so weiter. Und auch in vielen Rhetorikempfehlungen steht: Seien Sie sparsam mit der Gestik!

Wenn Sie ein angstfreier Mensch sind, müssen Sie sich um Ihre Körpersprache überhaupt keine Gedanken machen. Lassen Sie Ihre Hände einfach »machen«. Die wollen doch nur »miterzählen«. Alle Menschen »sprechen« Körpersprache. Und alle Menschen können intuitiv Körpersprache »lesen«. Wenn Sie sich in Ihrer Körpersprache einschränken, dann nehmen Sie sich selber zu großen Teilen die Chance, von Ihrem Publikum verstanden zu werden. Was allerdings nur wenige können, ist Körpersprache bewusst lesen, und nur ganz, ganz wenige, nämlich Schauspieler, können Körpersprache auch gezielt einsetzen.

Sie sollten allerdings trotzdem achtsam mit Ihren Händen umgehen. Dazu müssen Sie Folgendes wissen: Immer dann, wenn Ihre Hände sich unterhalb Ihres Bauchnabels befinden, wird das, was Sie sagen, negativ gewichtet. Immer dann, wenn sich Ihre Hände zwischen Bauchnabel und Brust befinden, wird das, was Sie sagen, neutral bewertet. Und immer dann, wenn sich Ihre Hände oberhalb Ihrer Brust befinden, wird alles, was Sie sagen, positiv gewichtet.

Wenn Sie Ihre Hände nur »halten« wollen, dann achten Sie darauf, dass die Handflächen offen sind und nach oben zeigen.

Stellen Sie sich vor, Sie würden vor 1000 Leuten reden, würden sich die rechte Hand in die Hosentasche stopfen und sagen: »Tach erst einmal. Können wir also anfangen …« Nein! Eine perfekte Rede beginnt definitiv anders! Reißen Sie die Arme auseinander, umarmen Sie herzlich einladend Ihr Publikum – ohne das aber zu »sagen« – und dann legen Sie los, zum Beispiel so: »Sie erfahren heute in sieben Schritten, wie Sie glücklich werden!«

Klingen soll Ihre Stimme!

Kann man Golf spielen, nur weil man es will? Klar, irgendwie schon. Aber kann man Golf spielen, ohne zu üben? Natürlich, aber achten Sie auf das Ergebnis! Worin unterscheidet sich ein Golfprofi von einem Golf spielenden Amateur am Ende der Golfrunde? Der Amateur geht ins Clubhaus, bestellt sich ein Getränk, etwas zu essen und diskutiert ausgiebig seine Erlebnisse. Und der Profi? Der steht auf der Driving Range und übt.

Die Tatsache, dass Sie Deutsch lesen und schreiben können, heißt nicht, dass Sie automatisch zum Schriftsteller taugen. Die Tatsache, dass Sie sprechen können, heißt nicht, dass Ihre Stimme zum Redner taugt.

Erinnern Sie sich an das erste Mal, als Sie Ihre eigene Stimme hörten, aufgenommen von einer Videokamera oder von einem Tonbandgerät? Haben Sie Ihre Stimme wiedererkannt? Haben Sie Ihre Stimme sofort gemocht? Viele Menschen erschrecken vor ihrer Stimme und mögen sie nicht gerne hören.

Der Klang der Stimme ist für Redner wichtig, auch wenn zugegebenermaßen eine wohlklingende Stimme nichts nützt, wenn der Inhalt eher belanglos ist. Allerdings kann es auch so funktionieren: »Da werden Sie geholfen!« – Quietschestimme und falsch, dennoch originell von Verona Pooth.

Michael Buffer hat sich ausschließlich mit seiner Stimme ein unverwechselbares Alleinstellungsmerkmal geschaffen. Durch Urheberrechtsschutz abgesichert darf nur er den inzwischen legendären Schlachtruf ertönen lassen: »Let's get ready to rumble ...!«

Der Ton macht die Musik

Die »Be-Tonung« gibt Ihrer Rede das, was das Aroma für eine Speise ist. Achten Sie einmal auf gute Radiosprecher: Sie betonen in feinsten Nuancen, ohne dabei eine persönliche Meinung erkennen zu lassen. Es ist mehr die »Liebe« zum Wort, die Sie leiten soll. Genießen Sie den Klang der deutschen Sprache!

Kennen Sie den entscheidenden Unterschied zwischen einem Kugelschreiber und einem Füllfederhalter? Er liegt in der Qualität des geschriebenen Wortes. Mit einem Kuli können Sie die Worte unheimlich schnell hinschreiben – gut für eilige Notizen. Ist es Ihnen dann auch schon einmal passiert, dass Sie kurze Zeit später Ihre eigenen Worte nicht mehr lesen konnten? Ganz anders der Füller. Mit ihm sind Sie gezwungen, langsam zu schreiben. Das erhöht einerseits die Qualität des Schriftbildes und zwingt Sie gleichzeitig, Ihre Gedanken zu ordnen.

An dem nun folgenden Mustertext können Sie einmal ausprobieren, was mit einem sehr einfachen Satz alles möglich wird, wenn Sie nur jeweils ein einziges Wort betonen.

> **Was** machen Sie hier?
> Was **machen** Sie hier?
> Was machen **Sie** hier?
> Was machen Sie **hier**?

Und nun das Ganze noch einmal, jetzt mit einer verstärkenden Pause:

> **Was** [Pause] machen Sie hier?
> Was **machen** [Pause] Sie hier?

Was machen **Sie** [Pause] hier?
Was machen Sie **hier**?

Und was macht man nach dem Fragezeichen? Ein entsprechendes Gesicht!

Ode an die Buchstaben

Für eine perfekte Rede gilt natürlich die Empfehlung, dass Sie Ihre Stimme ausbilden. Ob es erforderlich ist, dass Sie sich von einem Stimmtrainer schulen lassen, müssen Sie entscheiden. Was Sie aber sofort machen können ist ein kleines selbstständiges Training. In dem folgenden Text ist alles enthalten, was Sie für Ihre Aussprache benötigen. Lesen Sie sich diesen Text immer wieder laut und auch leiser vor. Genießen Sie die Lust, den Klang Ihrer Stimme zu verändern.

ODE AN DIE BUCHSTABEN
von Josef Weinheber

Dunkles, gruftdunkles U, samten wie Juninacht.
Glockentöniges O, schwingend wie rote Bronze:
Groß und wuchtend malt Ihr: Ruh und Ruhende, Not und Tod.

Zielstrebiges I, Himmel und Mittagslicht,
zitterndes Tirili, das aus der Lerche quillt:
Lieb, ach Liebe gewittert flammzüngig aus deinem Laut.

E im Weh und Schnee, grell wie Messer jäh,
schreckst das Herz du empor, – aber wie Balsam legt
labend auf das Verzagte sich das Amen des klaren A.

Bebend wagt sich das B aus einer Birke Bild.
Feder fein und ganz Mund, flammig wie Frühlingsluft,
flötenfriedlich, – ach fühl im F die sanften Empfindungen.

Doch das girrende G, leiht schon den runden Gaum ihr, der Gier.
Und das Glück, treulos und immer glatt,
es entgleitet den Gatten, eh sich wandelt der Rausch in Scham.

Eh das H mit der Kraft heiliger Höhe heilt das gebrochene Herz.
Ob ein Buchstab nur,
H ist froh: Allen Lebens Atem ist sein erhabener Hauch.

Hauch, entstoßen der Brust, wildes, empörtes K,
das voransteht der Kraft, das uns den Kampf befiehlt:
Gott ist milde und lässt dir leise folgen der Liebe L.

Gab uns M im Mahl, gab uns das Maß, den Mut.
Warm und heimatlich M, wahrhafter Mutterlaut.
Wie so anders dein Nachbar, hat das N nur ein näselndes Nein.

Springt das P mit Galopp über Gestrüpp und Klipp,
Löst sich Lippe von Lipp –, und das hochherrschende R dreht,
ein Reaktionär, das Rad zurück und beraubt uns rasch.

Schwarze Luft, und die dröhnt von der Drommeten Zorn,
und im Sturm steht das S, sausen steil und stark,
und es zischen die Wasser schäumend über Ertrinkende.

Doch das schreckliche Wort, tönend wie Tubaton,
formt das doppelte T. Treffendstes, tiefstes Wort: Tod …
Wer fände noch Trost nach solchem furchtbaren Eisbetritt?

Aber Gott will uns gut, gab auch das weiche W,
das wie wohliger Wind über das Weinen weht.
Gab das Z uns: es schließt den Tanz, den Glanz und die Herzen zu.*

---

* Mit freundlicher Genehmigung der Josef Weinheber-Gesellschaft,
 Kirchstetten

Ein weiteres Trainingsinstrument ist ein kleines Buch mit dem wunderbaren Titel »Der Kleine Hey«. Hier finden Sie unglaubliche Wortkombinationen, an denen sich schon Tausende von Sängern, Schauspielern und Rednern versucht haben. Kleine Probe gefällig? Nicht nur lesen – laut vorlesen!

> Barbara saß nah am Abhang,
> sprach gar sangbar – zaghaft langsam;
> Mannhaft kam alsdann am Waldesrand
> Abraham a Santa Clara!*

Wenn Sie sprechen, dann verkündet Ihre Stimme nicht nur einen Text. Ihre Stimme offenbart immer den wahren Zustand Ihrer Persönlichkeit. Wenn Sie ein Angsthase sind, dann zittert Ihre Stimme. Wenn Sie ein Kraftprotz sind, dann wird Ihre Stimme regelrecht donnern. Und bei überheblichen Menschen hört jedermann, dass die näselnde Arroganz aus jedem Buchstaben trieft.

Machen Sie sich nichts vor: Jede Gefühlsregung in Ihnen ist hörbar! Das ist dann hervorragend, wenn Sie wollen, dass Ihre Zuhörer Sie erspüren sollen. Dann macht es sogar Sinn, wenn Sie »lautes Nachdenken« über eine zögerliche Stimme transportieren. Wenn Sie zum Beispiel in Ihrem Vortrag so etwas sagen wollen wie: »… ich bin nicht wirklich sicher, ob Sie das jetzt hören wollen …?«, dann ist es sehr klug, so eine Passage vorsichtig, wie über dünnes Eis schreitend, auszusprechen.

Haben Sie den Mut, mit Ihrer Stimme zu malen und Worte zu modellieren. Pathetisch, laut und groß ist nur eine von vielen möglichen Formen. Setzen Sie Ihre Stimme ganz gezielt ein:

- fordernd: kräftig, aus der Tiefe kommend, keine Zweifel zulassend, langsam, eher laut

---

*Aus: Hey, Julius: Der Kleine Hey, Die Kunst des Sprechens, Schott Verlag, Mainz, 1997

- flüsternd: leise, vorne im Mund modellierend, den Kopf stark neigend, mit einem Finger das Publikum zu sich herüberziehen wollend
- schmeichelnd: durchaus melodisch, süß klingend, warme Stimme, runde, malende Körpersprache
- tröstend: stockend, tief, rau, selber verzweifelt seiend, unperfekt klingend
- intim: leise, sehr persönlich, keine Gestik, still, klar im Ton

Wenn Sie feststellen, dass Ihre Stimme regelmäßig ermüdet oder nach einiger Zeit schwächer wird, dann sollten Sie Kontakt zu Logopäden suchen. Möglicherweise stimmt dann Ihre Atemtechnik nicht, denn Ihre Stimme ist vertonter Atem.

POSITIONSwechsel

Eine der stärksten Wirkungen erzielt man im Publikum durch einen dramatischen Wechsel seines Standortes. Steigen Sie auf einen Stuhl oder einen Tisch, verlassen Sie die Bühne, gehen Sie in die Mitte des Saales – haben Sie keine Angst, es funktioniert!

Ich setze mich während des Vortrags gern unvermittelt auf die Treppe an der Bühnenkante. Wenn das geschieht, dann erfolgt danach eine sehr persönliche Aussage. Ich spreche mit leiser Stimme, gebe dem Publikum Zeit, das bisher Gehörte zu überdenken. Wenn ich dann wieder aufstehe, komme ich auch optisch und akustisch in den bisherigen Redefluss zurück – und das mit viel Energie.

 Setzen Sie den Positionswechsel nicht als reines Showelement ein – das merken die Zuhörer. Es muss Teil Ihres Anliegens sein, dann ist es gut!

Bringen Sie sich mal
RICHTIG in Stimmung!

Jeder Mensch ist im Laufe seines Lebens mit einer Fülle von Glaubenssätzen gefüttert worden. Sobald wir halbwegs hören können, beginnen Eltern mit Erziehungsversuchen in ganz einfacher Form: »Das tut man nicht!« Wer ist hier eigentlich »man«? Später werden die Glaubenssätze präziser. Den folgenden Satz kennen Sie bestimmt: »Geld verdirbt den Charakter!« Bravo! Als Sie diesen Satz zum ersten Mal hörten, hatten Sie garantiert kein Geld. War ja nicht schlimm, denn als Trost hatten Sie ja die Aussicht auf einen starken Charakter. So, und jetzt haben Sie Geld. Was nun? Es gibt genügend Menschen, die über ihren wirtschaftlichen Erfolg unglücklich sind, weil er mit den tief verankerten Glaubenssätzen unvereinbar ist …

Besser ist übrigens der Glaubenssatz: »Geld stärkt den Charakter!« Wenn Sie ein Guter sind, dann werden Sie mit Ihrem Wohlstand viel Gutes stiften. Sollten Sie schon als Kind ein Ferkel gewesen sein, wird aus Ihnen nur noch ein großes Schwein. Geld hin oder her.

Hier jetzt zunächst einige Glaubenssätze, die es Ihnen unmöglich machen werden, jemals eine außergewöhnliche Rede zu halten:

- Ich bin nur dann glücklich, wenn die meisten Leute, die ich kenne, mich bewundern.
- Wenn ich jemanden um Hilfe bitte, wird das als Schwäche verstanden.
- Wenn ich etwas nicht richtig oder perfekt kann, dann ist es besser, damit erst gar nicht zu beginnen.
- Mein Wert als Person hängt davon ab, was andere von mir halten.
- Es ist schwer, glücklich zu sein, wenn man nicht gut aussieht, reich, intelligent oder kreativ ist.
- Wenn ich nicht den höchsten Anspruch an mich stelle, dann ende ich wahrscheinlich als zweitrangiger Mensch.

Die spannende Frage aber ist natürlich: Wie komme ich zu Glaubenssätzen, die helfen?

Es spielt ja zunächst einmal keine Rolle, wie viele Glaubenssätze so in Ihrem Kopf herumgeistern. Es spielt zunächst auch keine Rolle, ob diese Glaubenssätze nun alle gut oder schlecht, richtig oder falsch, fördernd oder hindernd sind. Fakt ist: Sie sind da, einige sind von außen an Sie herangetragen worden und die anderen haben Sie sich selber zugelegt. Und das ist der entscheidende Zugang: Ob es Ihnen klar ist oder nicht – Sie werden von anderen beeinflusst und Sie können sich selber beeinflussen. Das ist doch klasse! Wenn Sie schon die Fähigkeit haben, sich selber zu beeinflussen, dann macht es doch Sinn, das in einer Art und Weise zu nutzen, die Ihnen hilft!

Hier also vier Sätze zur Selbstbeeinflussung für Ihre perfekte Rede:

- positiv: »Ich bin ruhig und sicher.«
- aktiv: »Ich habe was zu sagen!«
- konkret: »Jetzt werde ich einen außergewöhnlichen Vortrag halten!«
- gegenwärtig: »Ich kann das Publikum begeistern!«

Bitte berücksichtigen Sie: Bei der Autosuggestion ist besonders wichtig, dass die gewünschten Botschaften immer wieder wiederholt werden, Tag für Tag – bis sie tief sitzen. Denn sie müssen im Unbewussten ihre Überzeugungsarbeit leisten.

Sie sind sich nun also darüber im Klaren, dass Sie mit Ihrer Stimme auch Ihre Stimmung übertragen. Sie sind sich dessen bewusst, dass Sie wie eine Glocke im Turm Ihre Schwingungen und Überzeugungen auf die anderen Glocken, also Ihre Zuhörer, übertragen. Es spielt keine Rolle, ob Sie das wollen oder nicht – es geschieht!

Wirkung von Gedanken

Der französische Apotheker Émile Coué fand bereits im 19. Jahrhundert heraus, dass die Wirkung eines Medikaments davon abhing, mit welchen Worten er es überreichte. Wenn Coué sagte: »Dieses Medikament hilft besonders gut und Sie werden schnell wieder gesund!«, dann war die Wirkung entsprechend positiv.

Hat Ihnen Ihr Arzt schon einmal ein Rezept für ein Medikament mit der Bemerkung gegeben: »Ich schreibe Ihnen da mal was auf – probieren Sie es aus – und wenn es nicht hilft, dann kommen Sie eben wieder.« Jetzt verstehen Sie, wovon Ihr Arzt eventuell keine Ahnung hat!

Denken
UND REDEN

Da Sie nur so reden können, wie Sie denken, ist es von großer Bedeutung, dass Sie Ihr Denken beeinflussen! Gelingt Ihnen das in vorzüglicher Form, wird Ihre Rede außergewöhnlich sein. Deshalb folgen jetzt zehn beispielhafte Denk- und Glaubenssätze, mit denen Sie sich selber die Richtung vorgeben können.*

Ich bin fest entschlossen, eine außergewöhnliche Persönlichkeit zu werden.

Jeder kann meinem Namen vertrauen.

Ich zolle jedermann Anerkennung.

---

* nach Nikolaus B. Enkelmann

Meine beruflichen Ziele sehe ich als klare Bilder vor meinem geistigen Auge.

Meine konsequente Arbeit an mir selbst trägt Früchte.

Denk- und Sprechtraining sind Pflicht und ich erlebe sie mit zunehmender Meisterschaft als Kür.

Ich bin frei in meiner Körpersprache.

Meine Stimme hat Gewicht.

Die Zuhörer können sehen, dass ich einen Standpunkt vertrete.

Ich werde den Zuhörern die Angst nehmen und sie begeistern.

Drei Sätze und ein »Auch«

Man muss keinesfalls immer eine »große« Rede halten, um eine außergewöhnliche Wirkung zu erzielen. Manchmal reichen nur ein paar Sätze. Die Rede von Bundespräsident Christian Wulff am 3. Oktober 2010 war keine außergewöhnliche Rede, wenn man sie unter rhetorischen Gesichtspunkten betrachtet. Es waren diese vier Sätze, die dieser Rede eine politische Dimension gegeben haben: »… Das Christentum gehört zweifelsfrei zu Deutschland. Das Judentum gehört zweifelsfrei zu Deutschland. Das ist unsere christlich-jüdische Geschichte. Aber der Islam gehört inzwischen auch zu Deutschland.« Und letztlich war es sogar nur das »Auch«, das den Sprengsatz gebildet hat.

Die Vernissage

Was für eine schöne Aufgabe! Ein guter Kunde kam auf mich zu und sagte: »Herr Köhler, meine Tochter hat im Rathaus von Pforzheim ihre erste Ausstellung. Könnten Sie die Vernissage eröffnen?« Wow, das war neu! Köhler bekam einen ganzen Stapel von Polaroids, um sich schon mal vorab ein Bild zu machen. Doch was soll man sagen, wenn man dem »Gesamtkunstwerk« keine Zuordnung geben kann? Also, am besten, man wartet auf den direkten Eindruck, wenn man vor den einzelnen Gemälden steht. »Herr Köhler, stellen Sie sich vor, welche Überraschung! Auch der Professor meiner Tochter ist gekommen!« Ja, toll! Und was soll ich denn jetzt noch sagen!? Ich konnte mich doch nur noch blamieren!

Doch dann begann Köhler so: »Wenn Sie die ausgestellten Werke der Künstlerin betrachten, dann werden auch Sie erkennen, wie man einer solch jungen Frau Mut machen könnte, sich ganz der Malerei zu widmen. Wie könnten Sie diesem außergewöhnlichen Talent die Zuversicht geben, dass es sich in jedem Fall lohnt, mit viel Geduld an der Kunst zu arbeiten? Mit welcher Handlung könnten Sie der Ernsthaftigkeit Ihrer Überzeugung Ausdruck verleihen? Meine sehr verehrten Damen und Herren – alles das können Sie zum Ausdruck bringen, wenn Sie noch heute, hier, jetzt zu einem Bild Ja sagen und es käuflich erwerben. Dann weiß unsere Malerin, dass wir alle an sie glauben und bereit sind, in ihre Zukunft zu investieren!« Nun ja, so geschah es dann auch. Am Tag der Vernissage war die Ausstellung – ausverkauft!

Jedes Mal, wenn Sie eine Rede halten, seien Sie sich darüber im Klaren, dass wenige Sätze oder nur ein einziger Satz, in außergewöhnlichen Fällen sogar ein einziges Wort, darüber entscheiden, ob Sie eine perfekte Rede halten – oder eben auch nicht.

Das sprachliche Kleid

Sie kennen den Liedtext von Gunter Gabriel »Hey Boss, ich brauch' mehr Geld!«? Ein klasse Hit – und total glaubwürdig präsentiert. Was sagen Sie zu der folgenden Variante: »Herr Geschäftsführer, familienmäßig läuft es suboptimal, ich wollte mich deshalb einmal persönlich erkundigen, ob eine Verbesserung der finanziellen Basis bei Ihnen auf ein grundsätzliches Verständnis trifft.«

 Achten Sie auf Ihre Sprache! Sprache muss treffen.

Erste Sätze, mit denen Sie eine Rede beginnen können und die wirklich treffen, sind zum Beispiel diese:

- Geschäftsbericht: »Es ist Krise, und keiner geht hin!«
- Trauerfeier: »Er lebt!«
- Hochzeit: »Was für ein Wagnis!«
- Bekenntnis: »Niemand kann tiefer fallen als in Gottes Hand!«

 Durchsuchen Sie Ihren Wortschatz!

Zu den verschlissenen Begriffen dagegen zählen:

- »… wir sollten uns austauschen …« (Das macht man doch nur mit Flüssigkeiten …)
- »… nach Synergieeffekten suchen …« (Nach dem Motto: Ich habe keine Kunden, du hast keine Kunden, zusammen haben wir ganz viele Keine-Kunden.)
- »… wir müssen uns richtig aufstellen …« (Wäre denn hinlegen die Alternative?)
- »… innovative Solutions …« (Wollen Sie wirklich, dass niemand Sie versteht?)
- »… wir brauchen Lösungen, die nachhaltig wirken …« (Toll! Da muss man erst mal drauf kommen, dass man mit Eintagsfliegen nichts erreichen kann!)
- »… implementieren …« (Das ist Begriffskrebs für die Ohren.)

- »… wir sollten einen Termin definieren!« (Nein, ein Termin wird vereinbart.)
- »… ich sage Ihnen ganz offen …« (Ja, wie denn sonst?)
- »Da will ich ganz ehrlich sein.« (Das hieße ja, man hätte bisher gelogen.)
- »Sie müssen wissen, dass …« (Sie sollen eine Rede halten und keine Lehrveranstaltung!)

Veredeln Sie Ihre Rede!

Sie entscheiden, wie Ihre Rede klingt. Sie entscheiden, welche Schwingungen bei Ihren Zuhörern empfunden werden sollen. Sie sind der Komponist Ihrer Rede.

Sie werden vermutlich Ihre Kleidung so wählen, dass das Publikum sieht, wie groß Ihr Respekt vor dem Anlass der Rede ist. Dann wird die folgende Empfehlung bei Ihnen auf offene Ohren stoßen: Flechten Sie in Ihre Rede Worte der Wertschätzung ein, die eine starke Symbolkraft haben und den Interpretationsrahmen Ihres Publikums eher erweitern, als einengen.

- »… es ist eine **Ehre**, vor Ihnen diese Ideen präsentieren zu können!«
- »… heute werden unsere gemeinsamen **Ideale** auf den Prüfstand gestellt!«
- »… wenn sich doch nur alle Verantwortlichen daran erinnerten, was es bedeutet, in **Würde** alt zu werden!«
- »… nichts kann uns Menschen so wichtig sein wie die **Freiheit** des Einzelnen!«
- »… **Menschsein** bedeutet, täglich sauberes Wasser trinken zu können, ohne dafür in den Krieg ziehen zu müssen, ohne sich zu verraten oder zu verkaufen!«
- »… wie verständlich ist der Wunsch nach **Harmonie** und wie schwer ist es, diesen Wunsch täglich zu erfüllen!«
- »… die Forderung nach neuen Werten ist unsinnig – es würde völlig ausreichen, die vorhandenen **Werte** zu leben!«

Welche edlen Worte und Symbole in Ihrer Welt für Sie eine Rolle spielen, ist unerheblich. Es ist nur schade, wenn Sie diese Begriffe vergessen oder nicht jeden Anlass daraufhin überprüfen würden, ob sie nicht eingesetzt werden können.

HORROR PUR –
Sie bleiben stecken!

Die meisten Redner haben vor einer Sache riesige Angst: Sie könnten mitten im Vortrag stecken bleiben. Die Gründe für ein »Steckenbleiben« sind Blockaden. Und diese wiederum haben folgende Ursachen:

- ein zu eng verfasstes Manuskript
- fehlende Konzentration
- Irritationen durch Zwischenrufe
- Änderung der Vortragsstrategie (vom Manuskript zur freien Rede und zurück)

Meine Empfehlung für solche Fälle: Um aus der Blockade herauszukommen, müssen Sie sich körperlich bewegen! Deshalb:

- Verändern Sie dramatisch Ihre Position!
- Schmeißen Sie irgendetwas um!
- Lassen Sie etwas fallen!
- Verlassen Sie Ihren Sprecherplatz!

Wenn Ihnen dies zu viel Action ist, dann könnten Sie eine gedankenschwere Pause machen. Manchmal klappt das, und das Publikum merkt nichts.

Mein Kollege Alexander Christiani gibt eine wundervolle Empfehlung, wie man sich aus der misslichen Situation des Steckenbleibens befreien kann. Zitieren Sie ihn ruhig: »Gestern Abend wussten der liebe Gott und ich, was ich in dieser Rede sagen wollte – jetzt weiß es nur noch der liebe Gott!«

Wenn gar nichts hilft und das Problem sich verschärft, sodass der Redner einfach nicht aus seiner Blockade herausfindet, dann bleibt nur: Schluss machen!

Was einem alles passieren kann VII

Ich beobachtete auf einem Kongress einen angekündigten Redner. Es war gerade Pause. Der Redner unterhielt sich etwa zehn Minuten vor seinem Auftritt recht euphorisch mit Teilnehmern. Es fiel auf, dass er seinen kommenden Auftritt jetzt schon als Sieg sah und innerlich feierte.

Als er anfing zu reden, spürte ich, dass er mit sich selbst unzufrieden war, weil es ihm nicht gelang, die Zuhörer zu überzeugen. Vielleicht hatte er erwartet, dass man seine Ausführungen mit Szenenapplaus honoriert – doch nichts dergleichen war bis jetzt geschehen. Etwa fünfzehn Minuten nach Redebeginn machte dieser Mann dann den entscheidenden Fehler: Er verließ sein Manuskript und versuchte, in freier Rede das Publikum zu überzeugen, was ihm ebenfalls nicht richtig gelang, sodass er offensichtlich verärgert wieder in sein Manuskript zurückfinden wollte. In diesem Hin und Her schaukelte sich der Redner auf. Das Ergebnis war furchtbar – es kam zu einem Blackout. Der Mann stand völlig stumm und bewegungsunfähig auf der Bühne. Endlich merkte der Moderator das, ging auf die Bühne und sprach den Redner an. Keine Reaktion! Schließlich musste man den Redner an die Hand nehmen und von der Bühne führen – weil er tatsächlich nichts mehr sah.

Werden Sie

ein Märchen- erzähler!

STRATEGISCHES
Geschichtenerzählen

Wie erfolgreich Sie letztendlich mit Ihrer Rede sind, hängt nur von Ihren kommunikativen Fähigkeiten ab. Ich glaube nicht, dass Ihre Schulbildung reicht, um Sie erfolgreich werden zu lassen, das glaube ich im Übrigen auch nicht von Ihrem Talent und schon gar nicht von Ihrer Intelligenz. Tatsächlich ist es doch so: In einer idealen Welt würde immer der Beste die Anerkennung und Zustimmung bekommen. In der realen Welt ist es aber anders: Da bekommen diejenigen die Zustimmung und die Anerkennung, die sich mit Selbstbewusstsein und klarer Botschaft überzeugend ausdrücken. Das bedeutet weder, dass diese Leute klug, noch dass ihre Gedanken und Vorschläge brillant sind. Das bedeutet lediglich, dass ihre Geschichten bei den Zuhörern »ankommen« und geglaubt werden.

Kennen Sie Menschen, die von sich behaupten, sie könnten keine Witze erzählen? Das ist genau genommen unmöglich. Die Wahrheit ist wohl eher, dass sie sich keine Witze merken können. Deshalb: Wenn Sie ein großer Redner werden wollen, dann verbessern Sie Ihre Merkfähigkeit und trainieren Sie Ihre Fähigkeit, Geschichten zu erzählen – und so ganz nebenbei werden Sie auch noch ein guter Witzeerzähler.

Wenn Sie kleine Kinder haben, haben Sie doppeltes Glück! Einmal wegen der Kinder an sich natürlich. Außerdem sind Kinder das beste Übungspublikum, das man sich denken kann. Beginnen Sie sofort damit, Ihren Kindern Gute-Nacht-Geschichten zu erzählen – und, wenn Sie das nicht können, dann beginnen Sie damit, ihnen wenigstens Geschichten vorzulesen. Beim Vorlesen werden

Sie feststellen, dass Ihr Kind ganz genau zuhört und in jedem Fall darauf bestehen wird, dass Sie sich exakt an den Text halten. Das diszipliniert ungemein.

Nächste Stufe: Beginnen Sie nun, Geschichten zu erfinden, um diese dann zu erzählen. Sie werden entdecken, dass man eine Geschichte durchaus »aufbauen« muss, gerade für ein kleines Kind. Kinder hören Ihnen nur zu, wenn sie sich das Gehörte auch vorstellen können. So trainieren Sie Ihre bildhafte Sprache. Sie brauchen starke Wiederholungselemente, damit Ihr Kind die Geschichten als Geschichten erkennen kann.

Und so habe ich das Geschichtenerzählen geübt: Jeden Abend, wenn meine Töchter ins Bett gebracht wurden, fragte ich jede einzeln: »Willst du wieder eine Geschichte von Martin hören?« Dieser Martin war natürlich eine Erfindung: »Wie jeden Abend legt sich Martin ins Bett und schläft. Auf einmal klopft es an das Fenster – pock, pock –, Martin steht auf, schaut, öffnet das Fenster und draußen leuchtet der Mond mit seinem goldenen runden Gesicht und sagt: ›Martin, komm mit – ich will dir etwas zeigen.‹ Und Martin klettert auf den Strahlen hoch zum Mond – und ab geht der Flug durch die Nacht …«

An dieser Stelle hatte ich dann die Gelegenheit, zum Beispiel ein Ereignis des Tages zu »verarbeiten«, ich konnte eine Fernsehsendung noch einmal nachwirken lassen – etwas aus der »Sendung mit der Maus« – oder eine kleine Abenteuerreise mit ihnen machen. Dann kam der Schluss: »So – nachdem Martin und der Mond sich das angesehen haben, brachte der Mond den Martin zurück nach Hause. Und am nächsten Morgen, als die Mama den Martin weckt, findet sie in seinem Bett etwas … und nur du, der Mond und der Martin wissen, wie das in sein Bett kam.« Ende der Geschichte. Gute-Nacht-Kuss.

Denken Sie sich eine einfache Geschichte aus – am besten mit einem »Running Gag«. Vielleicht ein ungeschickter Drache? Oder eine kleine dicke Fee? Jede selbst erfundene Geschichte wird Ihnen helfen, die Lust am Erzählen zu entwickeln.

Erinnern Sie sich noch an früher? Nein, nicht an vor 20 Jahren – noch viel früher! Machen Sie sich doch einmal eine Vorstellung, wie die Menschen so etwa vor 3000 Jahren gelebt haben – zum Beispiel in Griechenland. Wie hat man damals wohl Erfahrungen, Gesetzestexte und Geschichten weitervermittelt? Durch Erzählungen. Und der berühmteste Erzähler war angeblich auch noch blind – der Dichter und fahrende Sänger Homer. Stellen Sie sich das einmal vor: Da sitzt ein blinder Mann auf einem Marktplatz, singt und kündet auswendig in Tausenden Versen von den Irrfahrten des Odysseus, und das so, dass man ihm sogar gerne zuhört und ihn dafür belohnt!

Selbst in unserer jüngsten Geschichte war das nicht viel anders. Die allgemeine Schulpflicht wurde in Preußen 1717 begründet und 1763 verpflichtend eingeführt, in Bayern führte man erst 1802 eine sechsjährige Unterrichtspflicht ein. Wer konnte damals schon lesen? Also lebten die Erfahrungen und Familiengeschichten, die Dorfchronik und das normale Handwerk in Erzählungen und wurden so weitergegeben.

 Wenn es stimmt, dass ein Bild mehr sagt als 1000 Worte, dann müssen wir Bildermaler im Kopf unserer Zuhörer werden.

Der amerikanische Schauspieler und Managementtrainer Doug Stevenson hat die Erzähltechnik unserer Großeltern unter dem Begriff »Storytelling« wieder sehr populär gemacht.

Sprechen Sie die
LINKE und die RECHTE Gehirnhälfte an!

Wir Menschen verfügen über zwei unterschiedliche Gehirnhälften. So fand der Nobelpreisträger R. W. Sperry heraus, dass in der linken Gehirnhälfte unter anderem die logisch rationalen Prozesse ablaufen, hingegen in der rechten Gehirnhälfte alle emotionalen. Linksseitig werden Daten und Fakten verarbeitet und rechtsseitig Bilder, Gefühle und Analogien. Selbst wenn die Gehirnforschung keineswegs so klar zwischen links und rechts unterscheidet, dann bleibt trotzdem eine wichtige Aufgabe für das perfekte Storytelling erhalten: Füttern Sie beide Gehirnhälften! Links bekommt genügend Zahlen und Rechts ausreichende Emotionen – idealerweise beides gleichzeitig!

Ihre Geschichten müssen
unterschiedliche Hörtypen erreichen

In Ihrem Publikum sitzen mindestens drei verschiedene Hörtypen, die Sie alle erreichen sollten. Eine wesentliche Voraussetzung dafür ist natürlich, dass die jeweils bevorzugten Sinneskanäle »offen«, aufnahmebereit sind und von Ihnen bedient werden.

Da ist zunächst der auditive Hörtyp: Er hört alles und achtet deshalb besonders auf den Tonfall und die Eigenart Ihrer Stimme. Er ist im wahrsten Sinne des Wortes ein Zuhörer und freut sich besonders über dynamische Redner – bei monotonen Langweilern steigt er aus.

Um diesem Typ entgegenzukommen, bieten sich Formulierungen an wie:

- Das klingt doch gut, oder?
- Es kommt immer auf die Zwischentöne an.

- Der Ton macht die Musik.
- Das ist der Knackpunkt.
- Sie können es vermutlich nicht mehr hören.

Direkt daneben sitzt der visuelle Hörtyp. Der registriert alles über das Auge – ein klassischer Hingucker. Diesen Menschen machen Sie mit allen visuellen Beispielen glücklich. Der freut sich über bunte PowerPoint-Präsentationen, Flipcharts und alles, was man sich sonst noch so angucken kann. Er liebt es auch, wenn Sie ihn direkt ansehen – dann ist er mit Ihnen in engem Kontakt.

Für den visuellen Hörtyp könnten Formulierungen gut passen wie diese:

- Machen Sie sich doch davon selber ein Bild!
- Man muss Weitblick haben.
- Die Zukunft sieht düster aus.
- Das Ziel steht doch klar vor Augen.
- Da geht doch dem Dümmsten ein Licht auf.

Und nun der Dritte im Bunde: Das ist der kinästhetische Hörtyp. Hier geht es jetzt um das sinnliche Wahrnehmen. Diese Menschen wollen gerne etwas tun, lieben Rollenspiele, werden gerne aktiv, neigen zu spontanen Zwischenrufen, wollen durchaus auch »berührt« werden. Wenn Sie für diese Zuhörer Action machen, haben Sie Freunde fürs Leben.

Für die kinästhetischen Hörtypen gibt es natürlich auch Formulierungen, die das Verstehen und Akzeptieren vereinfachen:

- Wägen Sie das Gesagte kritisch ab!
- Das ist doch nicht zu fassen!
- Ich habe es bis heute nicht begriffen.
- Das kriegen Sie schon in den Griff!
- Besser, Sie stehen mit beiden Beinen auf der Erde!

Eine Köhler-Geschichte

Als ich 1984 zum Jahreskongress des legendären Club 55 auf die Insel Jersey eingeladen wurde, passierte Folgendes: Die Top-Trainer Europas saßen an einem riesigen U-Tisch, der den ganzen Veranstaltungssaal füllte. Der erste Tagesordnungspunkt hieß: »Die besten Erfahrungen aus den letzten zwölf Monaten.« Und jetzt ging es los: Jeder Redner erzählte im Brustton von Stolz und Erhabenheit, welche großartigen Dinge er im letzten Jahr gemacht hat. Da flogen nur so die Erfolgszahlen, da wurde mit Namen geworfen – mir wurde ganz schlecht. Einer erzählte von seiner unglaublich erfolgreichen Kolumne in der FAZ und wie viel wichtige Kunden er damit inzwischen gewonnen hat. Viele berichteten, wie sie mit CEOs gesprochen hatten – ich kannte noch nicht mal einen einzigen persönlich. Und auf dem Flur zum Tagungsraum hatte mir einer der Grand-Senior-Trainer gesagt: »Junger Mann – ich sehe nicht nur besser aus als Sie, ich bin auch noch intelligenter!« Wow! Der Zeitpunkt, an dem ich an der Reihe sein würde, rückte immer näher – ich saß am Ende des U-Tisches. Doch ich hatte keine solche Erfolgsgeschichte – jedenfalls nicht in dieser Qualität oder von diesem Gewicht.

»Junger Kollege, wir haben schon viel von Ihnen gehört, Sie müssen sehr talentiert sein, sonst hätte unser Vice-President Harry Holzheu Sie nicht eingeladen – was war denn Ihr herausragendes Erfolgserlebnis in den letzten zwölf Monaten …?« Und dann berichtete ich von einer Geschichte – die richtig schiefgelaufen war. Ich erzählte von einem Desaster! Und wissen Sie, was dadurch geschah? Auf der nächsten Generalversammlung in Nizza wählte man mich zum »Member of the Board«! Ich war im Präsidium des berühmtesten Trainerclubs Europas! Übrigens, ich habe das bis heute beibehalten – ich erzähle zu Beginn unserer Jahreskonferenz immer eine Misserfolgsgeschichte.

Zu Ihrer Orientierung: Den reinen Hörtyp – ob auditiv, visuell oder kinästhetisch – gibt es vermutlich ganz selten. Es sind meist alle drei Versionen in jedem einzelnen Ihrer Zuhörer vereint. Und das bedeutet für Sie: Wenn Sie eine hundertprozentige Trefferquote wollen, dann bedienen Sie ständig alle drei Sinneskanäle.

Und das kann dann ungefähr so klingen: »Seht auf diese Stadt, hört die Signale und spürt die Kraft in diesen Menschen!«

Sie brauchen originelle Geschichten!

Gehen Sie davon aus, dass Ihre Zuhörer selber schon eine Menge Vorträge, Seminare und Meetings erlebt haben. Ersparen sie ihnen »Seminargeschichten« und YouTube-Videos, die heute so mancher Vortragende zeigt, weil er glaubt, damit total hip zu sein. Das meiste davon ist Ohren- und Augenmüll!

Erzählen Sie Geschichten von sich selbst. Echte, gute Geschichten, die etwas mit Ihnen zu tun haben.

Sorgen Sie in Ihren Geschichten FÜR GLAUBWÜRDIGKEIT!

Wenn heute ein Chef zu seinen Mitarbeitern sagt: »Ihr Arbeitsplatz ist sicher!«, dann ist er entweder ahnungslos, betrunken oder verantwortungslos.

Wenn jedoch ein Chef zu seinen Leuten sagt: »Ob es dieses Unternehmen noch in einem Jahr gibt – ich habe keine Ahnung, vielleicht. Ob es Ihren Job noch gibt – wahrscheinlich nicht, wir werden es sehen. Aber ich kann Ihnen Folgendes sagen: Ich werde alles tun, damit es diesen verdammten Laden noch in den nächsten zwölf Monaten gibt, und ich werde alles tun, dass sich die Konkurrenz davor fürchtet, und wenn sich dann herausstellt, dass Ihr Job auch noch da ist, und Sie genau auf diesen Job passen – dann umso besser. Und wenn Sie mich jetzt bei diesem Manöver unterstützen – dann hätten wir eine reelle Chance.«

Diesem Chef würde ich glauben. Ich würde mich so ins Zeug legen, dass die Chancen, meinen Arbeitsplatz zu behalten, deutlich steigen.

 Ersparen Sie Ihren Zuhörern unglaubwürdige Geschichten! Sie verlieren sonst Ihre gesamte Reputation.

Werden Sie eins mit Ihren Zuhörern!

So mancher Popstar ruft am Ende des Konzertes den Zuhörern zu: »Ich liebe euch!« Gut. Das ist nach einem berauschenden Konzert in Ordnung. Aber warum sagt das jemand? Und dann noch jeden Abend? Lügt der? Nein, in diesem Augenblick stimmt das Gefühl. Und nur darum geht es. Sagen Sie niemals – um Gottes willen – nach einem Vortrag »Ich liebe euch!«. (Der Minister für Staatssicherheit der DDR, Erich Mielke, hat das am 13. November 1989 auch mal versucht, was in einem grandiosen Gelächter unterging.) Aber unternehmen Sie alles, um Ihre Zuhörer einzubeziehen. Nicht anbiedern, nicht gemeinmachen, auf kein Verständnis hoffen nach der Devise: »Ich bin doch einer von euch!« Alles falsch!

Wenn Sie Teil der Zuhörer sind, dann schaffen Sie sich eine gemeinsame Plattform: »Unser Unternehmen steht vor einem verhexten Problem …!« Sie haben sofort Ihre Zuhörer gefangen!

Wenn Sie hingegen ein externer Redner sind, dann könnte Ihr Start so klingen. »Was ich an Steuerberatern so schätze, ist ihre Geduld im Umgang mit Paragrafen …!« Hört, hört, der mag uns!

Bauen Sie eine Brücke der Gemeinsamkeit!

Also, wie stellt man Nähe her? Auf jeden Fall nicht durch Unfehlbarkeit! Wer ist der beliebteste Onkel in der Familie? Der, über den die wildesten Geschichten erzählt werden. Wer ist die Supertante? Die, die schon immer anderen Männern den Kopf verdreht hat. Warum mögen Kinder Käpt'n Blaubär? Weil er so unverschämt lügt!

Was wäre passiert, wenn Siegfried aus dem Bad im Drachenblut ohne das Lindenblatt herausgekommen wäre – perfekt geschützt? Die deutsche Heldensage wäre unerträglich geworden. Erst durch dieses Lindenblatt wird der perfekte Held verwundbar und stirbt am Ende. Der perfekte Held – blond und tot!

Entschlossen und visionär – aber nicht eitel. Gekämpft – und verloren. Geliebt – und dann doch verschmäht. Die perfekte Rede gehalten – und im Schlusssatz ein Versprecher. Das ist das wahre Leben!

Nur Geschichten
MACHEN SIE ZUM EXPERTEN

Würden Sie hinter dem Wort Mitteilung vermuten, dass gemeint ist, dass man etwas »mit jemandem zu teilen« hat? Wenn Sie Ihren Zuhörern etwas erklären wollen oder gar glauben, ihnen etwas beweisen zu müssen – vergessen Sie es! Aber wenn Sie etwas zu teilen haben – zum Beispiel Erlebtes, das gerade noch einmal gut ging; Erfahrenes, bei dem Sie Lehrgeld zahlen mussten – und das nicht zu knapp; etwas, was Ihnen selber einmal furchtbare Angst machte, Ihnen die Schamröte ins Gesicht trieb – dann reden Sie darüber!

Gute Geschichten

Am Tag vor Sabbat fahren in Galizien ein alter und ein junger Jude im Zug. Zunächst schweigen beide, doch der junge Mann möchte nicht unhöflich sein und fragt sein Gegenüber: »Sagen Sie bitte, wie spät ist es?« Der alte Herr antwortet nicht. Nach einigen Stunden nähert sich der Zug dem Zielbahnhof und unvermittelt bittet der ältere Herr den jungen Mann, ob er ihm den Koffer herunterreichen könne. Der Junge fragt den Alten: »Vorhin habe ich Sie etwas gefragt, Sie haben nicht geantwortet. Jetzt, wo wir da sind, fangen Sie mit mir ein Gespräch an …« – »Junger Mann, wir steigen beide an der Endstation dieses Zuges aus. Ich kenne Sie nicht. Sie sind also fremd in der Stadt. Sie machen einen gut erzogenen Eindruck. Wenn wir ins Gespräch kommen, dann werde ich Sie sympathisch finden, und weil morgen Sabbat ist, werde ich Sie in mein Haus einladen. Dort werden Sie sehen, dass ich eine wunderhübsche Tochter habe. Und was soll ich Ihnen sagen: Einen Schwiegersohn ohne Uhr kann ich nicht gebrauchen!«

Es ist die absolute Wendung im letzten Satz der obigen Geschichte, die aus einer banalen Situation eine großartige Geschichte macht. Wenn Sie Witze, Geschichten und Anekdoten in Ihre Rede einflechten wollen, dann achten Sie darauf, dass diese Geschichten Brüche und überraschende Wendungen haben. Nur dann sind sie gut!

 Tabu: Jede Zote ist verboten! Schlüpfrige Anspielungen gehen voll auf Ihr Minuskonto! Machen Sie niemals Witze über Menschen mit gesundheitlichen Handicaps.

Wie Sie **Bilder** in den Köpfen Ihrer Zuhörer **malen**

Wenn Sie die »bildhafte Vorstellung« Ihrer Zuhörer aktivieren wollen, dann bedienen Sie sich einer ganz einfachen Vorgehensweise, die ich im Folgenden beschreibe.

Sie beginnen so:

»Stellen Sie sich einmal vor ...«

Jetzt schildern Sie grob Ihre Idee in einem einzigen Satz. Nun kann es sein, dass Ihr Bild in der Welt Ihrer Zuhörer völlig »fremd« ist, dann ist es sehr schwer, dass Ihre Zuhörer das Bild übernehmen werden, weil der Verstand »Nein« sagt. Deshalb:

»Nur so eine Idee!«

Damit geben Sie an den Verstand die Entwarnung: Keine Gefahr! Nur eine Idee! Nicht in Wirklichkeit! Wenn Sie jetzt fortfahren, dann malen Sie dieses angenommene Bild immer facettenreicher aus. Und zwischendurch weben Sie die folgenden Sätze ein:

»Nur so ein Gedanke.«
»Einfach mal so in den Raum gestellt.«
»Als wäre es ein Spiel.«
»Träumen wird man ja dürfen.«

Die imaginäre Vorstellungskraft von Zuhörern ist enorm groß – und auch der Wunsch, in großen Bildern zu denken, ist enorm groß. Und das erklärt auch den Erfolg von Hollywood, den Erfolg des Fernsehens und auch die Faszination des Lesens – weil hier die Bilder im Kopf der Leser entstehen. Und letztendlich wird an dieser Stelle auch über den Erfolg einer Rede entschieden. Der bessere Bildermaler gewinnt!

Crocodile Dundee

Da standen sie vor mir, nette junge Reisekaufleute, die auf einer Vortragsreise durch Deutschland Werbung für (Reisen nach) Australien machen sollten. Mein Auftrag: »Schauen Sie sich einmal die Art der Präsentation an. Geben Sie bitte Tipps zum Vortragsaufbau.« Also hörte ich mir zunächst eine ihrer Präsentationen an. Es passierte das, was zu erwarten war: langweilige Folien, Fachchinesisch, kein Enthusiasmus. Jetzt gab es nur eine Frage: »Was ist für Sie ein typischer Australier?« Einhellige Antwort: »Crocodile Dundee!« Wie würde der wohl über seine Heimat sprechen? Was für Kleidung trägt dieser Typ? Und so wurde es gemacht: Alle Mitarbeiter bekamen eine Crocodile-Dundee-Ausrüstung. Als die Zuhörer dann in den Vortragsraum kamen, saß jeder Redner *auf* seinem Tisch, blies auf einem fast zwei Meter langen Didgeridoo und trank einen Schluck Foster-Beer. »Hey!« – und war mitten im Thema.

... und was sonst noch so funktioniert hat

In einem Konzern herrschte eine völlig verängstigte Stimmung; es ging um den Abbau von Arbeitsplätzen. Für den Vorstand musste eine Rede entwickelt werden, die es ihm ermöglichen sollte, seine Zukunftsidee vorzustellen. Die zuarbeitenden Referenten schlugen kunstvolle Formulierungen vor, die nach meiner Meinung alle ins Leere laufen mussten. Dann die Idee: Es wurde eine 60-Sekunden-CD produziert, auf der unterschiedliche Stimmen die vorhandenen Ängste aussprachen – zum Beispiel so: »... ich habe Schiss!« oder »Oh Gott, oh Gott, was wird nur aus mir?« Zu Beginn des Vortrags wurde der Saal abgedunkelt, das wurde erwartet, die Bühne erhellte sich, das wurde auch erwartet – und nichts geschah, das wurde nicht erwartet. Dann waren diese Stimmen zu hören, so als würde man hören können, was der Nachbar denkt. Bis nach etwa einer Minute eine Stimme sagte: »So, und jetzt geht es richtig los!« Das war der Augenblick für den Auftritt des Vorstandes. Und wie wurde der begrüßt? Mit absolut hoffnungsvollem Applaus!

Das
CHRISTOPHER COLUMBUS CONCEPT

Zum Schluss dieses Kapitels möchte ich Ihnen noch ein weiteres Beispiel aus meiner langjährigen Redepraxis schildern. Die Situation: Ein Elektronikkonzern wird ein Werk schließen und knapp 200 Mitarbeiter sind davon betroffen; ihnen wird der Wechsel an einen anderen Standort angeboten. Hans-Uwe L. Köhler soll den Leuten mit einer Rede Mut machen, diese Herausforderung anzunehmen.

Bei der Vorbereitung entstehen zwei Gedanken: Erstens ist die Zusage, alle bekommen in einem 150 Kilometer entfernten Ort einen garantierten Job, nicht wirklich positiv – was ist mit den Lebenspartnern, die nicht mitkommen können oder wollen? Zweitens, dieses Thema in einem glatten Nadelstreifenanzug verkaufen zu wollen, geht schief. »Das nimmt dir niemand ab, dass das eine tolle Chance sein soll!«, dachte ich.

Beim Nachdenken darüber, wer denn eine besondere Herausforderung erlebt hat, fiel mir als historische Figur unvermittelt Christoph Kolumbus ein. Sein Thema: Neuland entdecken. Aus diesem plakativen Entwurf, aus groben gedanklichen Strichen, ergab sich eine Frage: Wie war das damals eigentlich? Wie muss man sich das Jahr 1492 vorstellen? Es begann eine eifrige Suche mit einem überraschenden Ergebnis: Es entstand ein neues Thema mit einem tragfähigen Vergleich.

Ich schlüpfte in ein Kostüm, das einer Mischung aus Admiral und Seeräuber glich – goldene Brokatjacke, Dreispitz und Stulpenstiefel, alles andere war schwarz. In dieser Verkleidung stand ich vor den Zuhörern. Nach zwei, drei Minuten hatten diese akzeptiert, dass vor ihnen ein Mann steht, den man eingeladen hat, eine Zeitreise von 500 Jahren zu machen, um von eigenen Eindrücken und Erfahrungen zu berichten. Als kleine Fußnote: Natürlich spricht ein Mann dieser Zeit ohne eine PowerPoint-Präsentation.

»Edle Damen, Caballeros, mein Name ist Cristoforo Colombo, vermutlich wurde ich um 1452 in Genua geboren, andere sagen, in Venedig – wie auch immer –, ich fuhr als Korsar für den französischen König. Es wird behauptet, ich hätte eine Affäre mit der spanischen Königin Isabella gehabt. Man verkennt die Situation: Niemals hat ein Kapitän eine Affäre mit einer Königin – wenn überhaupt, dann ist es umgekehrt. Allerdings, ich bat um eine Audienz bei der spanischen Königin; ich musste sechs Jahre bei Hofe auf diese Audienz warten – und Sie geraten heute in Panik, wenn ein elektronischer Brief nicht innert 15 Minuten beantwortet wird –, Sie hätten ja noch nicht einmal im Ansatz die Stärke, mit einer Königin zu sprechen; Sie knicken schon vor einem bezahlten Vasallen ein – oder wie versteht sich ein Werksleiter von heute? Ich werde Ihnen von meinem Leben erzählen und vielleicht stellen Sie fest, dass Ihre Probleme im Verhältnis zu meinen dann doch eher denen einer Kaffeefahrt gleichen …!«

Zwillings-
GESCHWISTER:

Form und Inhalt

NATÜRLICH
brauchen Sie PowerPoint!

In der Kunst der Rede gibt es selbstverständlich auch Modeerscheinungen. Aktuell ist es »total angesagt« über PowerPoint-Präsentationen zu lästern, zu schimpfen oder sich lustig zu machen. Es ist ja auch teilweise entsetzlich, was da dem Auge geboten wird! Manche Redner haben allerdings die Qualität Ihrer PowerPoint-Präsentationen enorm perfektioniert.

Eine inflationäre Präsentationsform ist dagegen das Einspielen von Videos aus dem Internet. Die große Gefahr ist, dass bekannte Klassiker sich wiederholen und dadurch gute Gags zu ausgelutschten Kalauern verkommen. Vergessen Sie nie: In dem Augenblick, in dem ein Video läuft, sind Sie als Redner nicht mehr existent. Wenn Sie das Video nicht vermeiden können, dann berücksichtigen Sie bitte, dass Sie nach jedem Einsatz die Energie für einen Neustart aufwenden müssen.

 Sie müssen jede Vermittlungsform der Didaktik, des Theaters und aus Hollywood kennen, um dann die richtige auszuwählen.

Angenommen, Ihre Aufgabe besteht darin, Ihre Mitarbeiter für das Ziel »100 % mehr Umsatz« gewinnen zu wollen. Dann finden Sie hier einige Beispiele, wie Sie diesen Vortrag gestalten können.

Gerne gemacht und häufig falsch: Sie sammeln alle Begründungen, Daten und Fakten, geben diese in Excel-Tabellen ein und lassen sich daraus Balken-, Kuchen- und Doppelherz-Grafiken schneidern. Das Ende: ein unglaublicher Zahlensalat, der den Redner auch noch dazu verführt sich zu erklären, zu rechtfertigen und zu verteidigen.

Stellen Sie sich also vor, Ihre gesamte Rede würde sich nur um die Zahl »100 %« drehen. Wie das zu bewerkstelligen ist? Wenn Sie ein kleines Team überzeugen wollen, dann schreiben Sie per Hand diese Zahl in fetter Farbe auf ein Flipchart. Das reicht! Ist Ihre Gruppe größer, der Anlass beeindruckender: vier Flipcharts. Und Sie beginnen während Ihres Vortrags einzelne Seiten aufzuklappen, auf denen zuerst geschrieben steht: %, dann 0, dann wieder eine 0 und schließlich die 1!

Sie glauben, es mit einer PowerPoint-Präsentation machen zu müssen? Dann legen Sie nur eine Seite an, wählen Sie einen schwarzen Hintergrund, darauf die 100 % in weißer Schrift. Die Wirkung: Durch den schwarzen Hintergrund gibt es keinen Rahmen, der immer bei weißen oder farbigen Hintergründen entsteht, und der Wert 100 % steht in gewaltiger Größe – maximal 260 Punkt – allein an der Wand. Was für eine Botschaft!

Und jetzt das ganz große Theater – falls Sie vor Ihrer gesamten Vertriebsmannschaft sprechen und 1000 Menschen auf Ihre Rede warten: Vier Gabelstapler fahren gewaltige Zahlenblöcke auf die Bühne, in die Arena, und dabei donnert auch noch die Musik »Conquest of Paradise« von Vangelis durch die Halle! Jetzt stehen diese Zahlen im wahrsten Sinne im Raum!

Wenn Ihr Vortrag dann auch die Qualität hat, die dieses Entree verlangt, dann können Sie das Ganze am Ende noch mit einem Feuerwerk krönen!

Gelungene Vortragspräsentationen sehen Sie aber zum Beispiel auch beim Dalai Lama: nur das reine Wort und eine unverwechselbare Kleidung; ein ganz typisches Rot mit einer gelben Schärpe.

Der Papst geht einen anderen Weg: Er ist immer umgeben von einer riesigen Entourage. Seine »PowerPoint-Präsentationen«? Ein einziges Symbol: das Kreuz. Darüber hinaus aber dann der Einsatz aller Möglichkeiten: Glocken, Fahnen, Chöre, Düfte und bodenlange Röcke als Männerkleidung.

Der Redeentwurf ist wie eine Reiseplanung

Häufig hören Sie die Empfehlung, eine Rede mit einer Anekdote zu beginnen. Das ist Unsinn! Die Ausgangslage dient der Orientierung aller Zuhörer: »Aha, hier geht also die Reise los, und dort ist das gedankliche Ziel, dort soll sie also hingehen.«

Für die Platzierung der Ausgangslage ist das persönliche Bekenntnis von höchster Wirkung. Damit beziehen Sie eine eindeutige Position und zwingen Ihre Zuhörer gleichzeitig, ebenfalls die eigene Position zu überdenken. Es gibt Reden, in denen es darum geht, gleich von Beginn an um Zustimmung zu buhlen. Es gibt Anlässe, bei denen genau das Gegenteil der richtige Weg ist: gleich zu Beginn einen Konflikt zu setzen. Sie müssen hier als Redner eine Entscheidung treffen.

Wahre Redekunst bedarf des Streits

Sie müssen sich darüber im Klaren sein, dass es Reden gibt oder Passagen in Reden, die Ihnen keineswegs die ungeteilte Zustimmung der Zuhörer sichern. Wie an anderer Stelle schon beschrieben: Sie werden nie eine große Rede halten können, wenn Sie sich vom Wohlwollen Ihrer Zuhörer abhängig machen. Ich lasse mich darum von dem Lehrsatz leiten: Die Summe der Zustimmung ist immer genauso groß wie die Summe der Ablehnung! Man kann

es auch mit Georg von Frundsberg halten: »Viel Feind! Viel Ehr!«
Oder sportlich sehen: »Wer den Ball hat, wird angegriffen!« Es ist
nicht erfolgsentscheidend, ob man Sie mag. Man muss Ihren Gedanken gerne folgen wollen.

Wenn Sie bei einer Veranstaltung mit mehreren Rednern auftreten, dann prüfen Sie bitte, ob andere Redner Inhalte präsentieren
werden, die Ihren möglicherweise widersprechen. Wenn ja – Glück
gehabt! Greifen Sie solche Widersprüche und Gegensätzlichkeiten
auf. Entweder Sie sind sehr jung, dann legen Sie sich mit den anti-
quierten oder den bequemen Aussagen der Vorredner an. Sind Sie
hingegen ein erfahrener Experte, dann zerlegen Sie genüsslich die
unklaren Gedanken anderer.

Wenn Sie einen Streit vom Zaun brechen, dann müssen Sie das
aber auch konsequent durchziehen! Werden Sie nicht wankel-
mütig! Ich habe als Mitglied einer Jugendorganisation einmal den
Rechenschaftsbericht des Landesvorstandes so auseinandergenom-
men, dass der gesamte Vorstand zurücktreten musste.

Sagen Sie niemals: »Ich bin da doch etwas anderer Meinung, aber
das würde jetzt den Rahmen sprengen …« Sagen Sie lieber, dass Sie
völlig anderer Meinung sind, dass die Unterschiede von existenziel-
ler Bedeutung sind, und dass Sie deshalb jetzt sofort die Gelegenheit ergreifen, um die Aussagen des Vorredners zu korrigieren –
und dann sprengen Sie die gesamte Veranstaltung!

Vielleicht ist Ihnen schon einmal die folgende Redewendung zu
Ohren gekommen: »Ich möchte mich den Worten meines Vorredners anschließen!« Wehe, Sie sagen so etwas! Das ist nur dumm!
Wollen Sie einmal ausprobieren, wie Sie zu kreativen Redebeiträgen kommen? Wenn Sie das Wort ergreifen, dann bitte so: »Ich
muss allen meinen Vorrednern direkt widersprechen …!« Jetzt machen Sie mal weiter! Sie werden um Ihr Leben reden!

Eine besondere Strafe können Redner sich untereinander verpassen, indem sie sich nicht zitieren. Wenn Sie mit den Aussagen Ihres Vorredners nicht einverstanden sind, ihn aber augenblicklich nicht angreifen können, dann ignorieren Sie ihn und seine Aussagen komplett!

Sie sind alleiniger Redner? Sie meinen, dann wird es schwierig werden, einen Streit vom Zaun zu brechen? Überhaupt nicht! Legen Sie sich doch mit Ihrem Publikum an!

Ich bin nicht wahnsinnig und ich rate Ihnen auch nicht zum rhetorischen Selbstmord. Doch wenn Sie Ihre Argumente so aufbauen, dass Ihr Publikum eine Entscheidung treffen muss, dann haben Sie etwas Wichtiges erreicht: Aufmerksamkeit. Diese Möglichkeiten können Sie sehr variantenreich einsetzen.

Arbeiten Sie in Ihren Aussagen mit These und Antithese!

Sie könnten in Ihrer Rede so tun, als wäre die eine Hälfte Ihres Publikums Anhänger einer These, und demzufolge die andere Hälfte Anhänger der Gegenthese. Mit diesem Konstrukt können Sie eine ganze Menge erreichen, ohne dabei Ihre eigene Position bekannt zu geben. Irgendwann schlagen Sie sich dann auf eine der beiden Seiten. Sie beziehen Position.

Natürlich können Sie Ihre Zuhörer so lange zwischen These und Antithese hin- und herjagen, bis sie mental völlig erschöpft sind und nach Erlösung lechzen. Das ist Ihre Gelegenheit, mit einer dritten Idee zu kommen, mit der Synthese.

Sie können also These und Antithese so aufbauen, dass beide Möglichkeiten »schlecht« sind. Dann ist Ihr Lösungsansatz vielleicht die Rettung. Aber was geschieht, wenn These und Antithese zwei gleichermaßen gültige positive Angebote sind? Dann muss Ihre Idee herausragend sein!

Nachdem Sie ausführlich These und Antithese besprochen haben, können Sie aber auch Ihre Synthese – wie sich dann herausstellen wird – als Scheinthese präsentieren. Sie kennen diesen dramatischen Effekt aus dem Kino. Die Katastrophe ist gerade noch einmal abgewendet worden, alles atmet auf – und dann geht der Zirkus erst richtig los! Erst im zweiten Versuch präsentieren Sie tatsächlich Ihre eigentliche Lösung!

Warum **sollte** man Ihnen ZUHÖREN?

Warum man Ihnen zuhören sollte? Weil Sie etwas zu sagen haben zu einem Thema, das die Menschen berührt. Entweder Sie haben um das Wort gebeten oder man hat Sie eingeladen, das Wort zu ergreifen. Sie müssen in jedem Fall eine Idee präsentieren oder die Lösung für ein Problem anbieten. In jedem Fall müssen Sie dafür sorgen, dass man Ihnen auch weiter zuhört. Also halten Sie einige wenige Regeln ein – zum Beispiel diese:

 Versprechen Sie einen Vorteil sofort!

Sagen Sie Ihren Zuhörern zum Beispiel: »Sie bekommen jetzt zehn goldene Regeln für Ihren persönlichen Erfolg!« Wer will das nicht hören? Gut ist auch folgende Aussage: »In der nächsten Stunde erfahren Sie alles, was man wissen muss, um Millionär zu werden!« Der Saal bleibt voll.

 Das muss Ihr Motto sein: schnell, kurz, unkompliziert und spannend!

Zählen Sie einmal nach: Das »Vaterunser« besteht aus 56 Wörtern – und ist das stärkste Gebet der Christen, die »Zehn Gebote« wirken als Richtschnur des Lebens mit ganzen 297 Wörtern, die amerikanische Unabhängigkeitserklärung ist nur drei Worte länger! Doch jetzt kommt es: Die EU-Verordnung zur Einfuhr von Karamellerzeugnissen soll aus 26 911 Wörtern bestehen – ich habe es nicht nachgezählt!

 ## Gute Sätze sind kurz!

Lange Sätze zeichnen keinen Redner aus – es sei denn, Sie wollen in den Club der sich selbst genügenden Philosophen aufgenommen werden. In der deutschen Sprache gibt es eine kleine Falle: Häufig ist das Sinn gebende Tätigkeitswort erst am Ende des Satzes zu finden. So zum Beispiel hier: »Er wollte, und das haben bereits die Großeltern beobachtet, obwohl das dann später in der Schule nicht mehr so zum Tragen kam, dann aber im Sportverein eine völlig neue Qualität bekam, Menschen begeistern!« Oh Mann! Der Satz muss in einer Rede heißen: »Er wollte Menschen begeistern!« Vier Worte. Und die komplette Information lautet: »Er wollte Menschen begeistern! Das haben die Großeltern entdeckt. Während der Schulzeit wurde es vergessen. Im Verein war es später entscheidend!«

 ## Erzeugen Sie Spannung!

Wenn Sie als Verkaufsleiter zu Ihrer Mannschaft sagen: »Wir müssen uns gemeinsam überlegen, wie wir unser Ergebnis kostenneutral optimieren können«, dann können Sie zu Ihren Leuten auch gleich sagen »Bitte bleiben Sie liegen!«

Jetzt noch einmal – mit Spannung: »Können wir unser Verkaufsergebnis verbessern? Das ist die Frage! Wie machen wir das? Dazu brauchen wir Ideen! Was fällt Ihnen dazu sofort ein?«

Zeigen ist besser als reden!

Ich hatte das Vergnügen, Prof. Lothar Seiwert mit seinem Thema »Zeit« auf einem Forum anzukündigen. Die Fakten waren klar: Damals wurde ein deutscher Mann durchschnittlich 72 Jahre alt, ich war 51. Und jetzt die Inszenierung: Auf der Bühne standen 21 Weihnachtsbäume und dann die Anmoderation:

- »Noch 21 Mal werde ich Weihnachten feiern,
- noch 21 Mal werde ich den ersten Schnee fallen sehen und
- noch 21 Mal werde ich eine köstliche Weihnachtsgans essen!«

Jedem Teilnehmer wurde optisch die Endlichkeit des Seins klar!

Auf derselben Veranstaltung trat auch Dr. Michael Spitzbart auf. Ihn präsentierte ich zu seinem Thema »Schlank und fit!« auf eine weitere, sehr persönliche Art: Ich hatte zu diesem Zeitpunkt acht Kilo abgenommen und aus Butterstücken einen Berg von 32 Paketen aufgebaut. Eindringlicher geht es kaum.

Und ÄKTSCHN!

Sie haben in der Schule davon gehört, dass der sowjetische Ministerpräsident Nikita Chruschtschow 1960 in seiner Rede vor der UN-Hauptversammlung mit seinem Schuh auf das Rednerpult einschlug? Er wollte, dass die Welt ihn für unberechenbar, aggressiv und höchst gefährlich hielt. Es stimmt, es war sein Schuh – zwei trug er an den Füßen, den dritten hatte er extra mitgebracht. Diese Aktion war geplant und kein spontaner Wutanfall – trotzdem sehr überzeugend. Noch heute reden die Leute davon!

Machen Sie aus Teilnehmern Beteiligte!

Es gibt Redeanlässe, da reicht es nicht, wenn Sie allein agieren. Wenn Sie Ihre Zuhörer aus der passiven Rolle zu einer aktiven Beteiligung bewegen wollen, dann greifen Sie in den Werkzeugkoffer der Impulse:

- Stellen Sie ständig Fragen an die Teilnehmer!
- Ermuntern Sie zu jeder Zeit zum Mitmachen!
- Fordern Sie kleine Beiträge ein!
- Ermuntern Sie, Beispiele zu erzählen!
- Fragen Sie immer wieder Meinungen ab!
- Kontrollieren Sie hin und wieder das Verständnis!

 Die Frage ist die Königin der Führung!

Heinz Goldmann war der Großmeister der Frage! Er knackte ganze Säle mit seiner Methode. Und das können Sie auch! Weben Sie in Ihre perfekte Rede Fragen ein. Nicht stereotyp, sondern klug und angemessen, dem Ziel und Thema entsprechend. Hier nun einige Beispiele:

- »Sind Sie einverstanden?«
- »Was fehlt Ihrer Meinung nach noch?«
- »Sehen Sie das auch so?«
- »Reicht dieser Hinweis?«
- »Was fällt Ihnen dazu ein?«
- »Wie sehen Sie das aus Ihrer Sicht?«
- »Gibt es in Ihrer Branche ähnliche Erfahrungen?«
- »Können Sie dieses Zwischenergebnis akzeptieren?«
- »Welchen Gedanken würden Sie jetzt gerne festhalten?«

Achtung: Wer das Publikum aktiv befragt, hat entweder ein Handmikrofon dabei – geben Sie das Ding aber nie aus der Hand –, und wenn das nicht der Fall ist, dann müssen Sie die gegebenen Antworten sofort, laut und deutlich für alle wiederholen.

Zäumen Sie das Pferd von hinten auf!

Stellen Sie sich mal einen Debattenredner vor, der sich mit dem folgenden Text an die Opposition wendet: »Jede politische Opposition würde *Ihre* Forderungen aufstellen! Jede politische Opposition würde auf die Erfüllung *Ihrer* Forderungen bestehen! Und um ganz sicher zu sein, dass es sich auch um *Ihre* Forderungen handelt, habe ich noch einmal in *Ihrem* Grundsatzprogramm nachgelesen – und tatsächlich, das sind wirklich *Ihre* Forderungen! Meine Nachricht ist simpel: Ihre Forderungen werden erfüllt. *Alle.* Dazu müssen Voraussetzungen geschaffen werden. Deshalb ist es wichtig, *dass Sie den folgenden Vorhaben zustimmen …!*« Ziemlich überzeugend, oder!?

Sie wollen sich aufwerten und
WICHTIG MACHEN?

Der einfachste Weg, sich wichtig zu machen, besteht darin, in seine Rede Zitate berühmter Zeitgenossen einzuflechten. Doch glauben Sie im Ernst, dass Ihr Gewicht steigt, wenn Sie etwa wie folgt formulieren: »Wie sagte schon der große Dichter?« Selbst, wenn Sie jetzt noch »Geheimrat Johann Wolfgang von Goethe« hinzufügen – es wird Ihnen nicht helfen. Ah, vielleicht finden Sie ein Zitat von Steve Jobs besser. Wie wäre es damit: »Ich würde all meine Technologien für einen Nachmittag mit Sokrates eintauschen!« (Newsweek, 19.10.2001). Bitte bedenken Sie: Der Glanz von Apple fällt damit nicht automatisch auf Sie!

 Verwenden Sie viel Energie darauf, eigene Gedanken zu entwickeln. Freuen Sie sich auf die Überraschungen aus Ihrem Gehirn!

Franz-Josef Strauss liebte lateinische Redewendungen; er war bestexaminierter Altphilologe. Für mich ist es Chuzpe, einer biertrunkenen Gesellschaft anlässlich eines politischen Rundumschlages zuzurufen: »Avis matutina vermem capit!«*. Da kann der Bayer als solcher nur sagen: »Ja mei, wenn er muss, dann will er halt.«

Seien Sie also mit Zitaten und Redewendungen sehr, sehr sparsam. Verwenden Sie diese nur als punktuelle Verstärker Ihrer Botschaft – nicht zur Aufwertung Ihrer Person. Wenn Sie ein Großmeister der Rede werden wollen, dann können Sie Zitate allerdings auf eine ganz besondere Weise nutzen: Sie zitieren eine unangefochtene Autorität und verstoßen genau gegen diese oder deren Aussage.

Ganz schick und aktuell ist ja auch das Einflechten englischsprachiger Aphorismen. Beispiel gefällig? Wenn jemand zum Thema Führen, Personalentwicklung oder Kunst sprechen will, dann wird gern der folgende Satz von Bern Williams bemüht: »Talent is a flame. Genius is a fire!« Gut, jetzt weiß jeder, dass Sie der englischen Sprache mächtig sind – doch noch weit entfernt von der perfekten Rede!

Haben Sie Lust auf einen Spaß – und das mit einer perfekten Rede?

Der Leiter der Bonner »Schreibstube« im Bundeskanzleramt, Dr. Rolf Breitenstein, stellt in seinem Buch »Die wirksame Rede« eine Patentrede vor, die nach rhetorischen Regeln geradezu perfekt erscheint, allerdings in ihrer Aussagekraft exakt die Größe Null hat. Mit freundlicher Genehmigung des Verlages Langen Müller/Herbig hier nun die »Patentrede«:

Meine sehr geehrten Damen und Herren, liebe Freunde!
Es ist für mich eine Ehre und ein Vergnügen, heute bei Ihnen zu weilen und zu Ihnen sprechen zu dürfen.

---

* Der frühe Vogel frisst den Wurm.

Ich danke Ihnen für den freundlichen Empfang. Ihre Zeit ist kostbar, und ich werde Ihre Geduld nicht über Gebühr in Anspruch nehmen. Wir wissen, wo wir stehen. Deshalb kann ich mich kurz fassen.

Ich muss Ihnen in aller Offenheit sagen, dass es trotz der Fülle von Verpflichtungen, die mit meiner Person unausweichlich verbunden sind, für mich eine Selbstverständlichkeit ist, dass ich Ihrer freundlichen Einladung heute Folge leiste. Denn was kann es Schöneres geben an einem solchen Tag, als unter Menschen zu sein, unter Freunden, mit denen man sich einig weiß, einig auch in der nüchternen Einschätzung unserer Situation, nicht zuletzt einig im Bekenntnis zum menschlichen Miteinander.

Dies in aller Klarheit anzusprechen, ist mir ein inneres Bedürfnis.

Wir wissen alle, um was es heute geht. Wir sind stärker gefordert denn je. Dies verschweigen zu wollen, hieße, uns selbst Sand in die Augen zu streuen.

Wir müssen auf dem Boden der Tatsachen bleiben.

Wir werden niemals müde werden, für unsere berechtigten Anliegen einzutreten, ja, meine Damen und Herren, dafür zu kämpfen. Mit Anstand und fair – aber konsequent und mit jener Beharrlichkeit in der Sache, die uns immer ausgezeichnet hat; trotz mancher Anwürfe.

Ich muss hier keine Namen nennen.

Die Hunde bellen, die Karawane zieht weiter.

Niemand ist eine Insel, und wir können unsere Zukunft nicht auf Eis legen oder uns mit halben Maßnahmen begnügen.

Wir fordern vielmehr – und, meine Damen und Herren, wir erwarten, dass wir damit das notwendige Gehör finden –, wir fordern eine umfassende Durchführung aller Maßnahmen, die zur Realisierung unserer immer wieder vorgetragenen Zielvorstellungen in diesem unserem Land endlich Platz greifen müssen.

Das möchte ich hier mit allem Nachdruck und mit großer Offenheit aussprechen.

Wer irgendeinen Zweifel haben sollte an der Berechtigung unserer Anliegen, dem rufe ich zu: Dies ist nicht die Stunde der Zweifler! Dies ist die Stunde der Wahrheit, in der die Dinge auf den Tisch gehören und Ross und Reiter genannt werden müssen.

Muss ich aufzählen, wie oft wir Geduld bewiesen haben? Wir wissen es. Wir sind wahrlich keine Extremisten. Aber wir lassen uns nicht länger auf die lange Bank schieben oder mit leeren Versprechungen abspeisen. Was wir wollen, wollen wir nicht für uns, nein – es ist Ausdruck jener Gerechtigkeit, ohne die Menschenwürde nicht denkbar ist.

Meine Damen und Herren! Wir können stolz sein auf das, was wir geleistet haben. Jeder an seinem Platz. Jeder von uns hat nach seinen Kräften dazu beigetragen, dass wir heute da stehen, wo wir stehen. Das gab es nicht zum Nulltarif.

Aber das kann für uns nicht der Anlass sein, uns auf irgendwelchen Lorbeeren auszuruhen.

Vielmehr: Jetzt gilt es, die Kontinuität der Entwicklung zu stabilisieren.

Es gilt, diese Stabilisierung durch neue Initiativen fruchtbar zu entfalten.

Und es gilt, diese fruchtbare Kontinuität zu entwickeln. Ich weiß, darin sind wir uns einig. Das erfüllt mich mit Stolz.

Ich danke Ihnen, meine Damen und Herren, liebe Freunde, dass Sie mir Gelegenheit gegeben haben, mit großer Direktheit und ohne Umschweife das auszusprechen, was uns alle erfüllt und bewegt.

Wir wissen: Auf unserem Weg kommen wir voran in geduldiger Beharrlichkeit.

Es gibt keinen anderen Weg.

Das Ziel lohnt uns die Mühe.

Ich danke Ihnen allen herzlich für Ihre Aufmerksamkeit.

Diese Empfehlung ist durchaus ernst gemeint: Halten Sie diese Rede einmal selbst. Sie können an der Reaktion Ihrer Zuhörer erkennen, ob hier schon der Wahnsinn der Worthülse die Gehirne leergepustet hat oder ob es noch einen Rest an Humor bei Ihren Zuhörern gibt. Glück auf!

Wann sind Sie als Politiker ein GUTER REDNER?

Im Folgenden gebe ich ein paar Orientierungspunkte für die perfekte Rede von Politikern und solchen, die es werden wollen. Wenn der Saal, zum Beispiel der Plenarsaal des Bundestages, leer ist, dann sind Politiker weder wichtig noch interessant. Wer keine Zuhörer findet, der hat nichts zu sagen. Punkt. Lauscht nur ein kleiner Teil der eigenen Fraktion Ihrer Rede, dann ist das nicht mehr als eine Duldung.

Werden während Ihrer Rede Akten gelesen, hören Sie auf zu reden! Steht jemand während Ihrer Rede auf und verlässt den Saal, dann sind Sie damit gemeint. Man nennt das »Abstimmung mit den Füßen«. Ihre politischen Freunde schreiben SMS oder beschäftigen sich anderweitig mit ihrem Handy – das ist Ihr Rausschmiss!

Sie sind dann ein guter Redner, wenn Ihren politischen Gegnern während Ihrer Rede der Schaum vor dem Mund steht. Wenn die Gegenargumente nicht aus dem Kopf, sondern aus dem Kehlkopf kommen – spätestens in einer solchen Situation werden Sie erkennen, warum ein Manuskript Quatsch ist: Wenn die Opposition tobt und Sie sich an Ihrem Manuskript festhalten, um den Faden nicht zu verlieren und Ihren Beitrag nur zu Ende zu bringen, wirkt das – vorsichtig formuliert – hilflos und disqualifiziert Sie auch noch als Debattenredner.

 Sie sind als Politiker dann ein guter Redner, wenn es sich niemand mehr leisten kann, Ihre persönlichen Ausführungen zu verpassen.

Hier ein paar Orientierungspunkte für die perfekte Rede für Politiker:

- Wenn Sie reden, dann immer in freier Rede! Lesen Sie nicht vom Blatt ab! Das dürfen Sie nur bei einer Regierungserklärung – ich denke, Sie sind davon augenblicklich noch ein Stück entfernt.
- Reden Sie als Gemeinde- oder Stadtrat, dann stehen Sie während Ihrer Rede! Vermeiden Sie das Rednerpult; Sie brauchen in solchen Parlamenten kein Mikrofon. Sollten Sie im Bundestag reden, dann lassen Sie bitte das Rednerpult so niedrig wie möglich einstellen! Sie wollen sich schließlich nicht verstecken, sondern gesehen werden.
- Im Wahlkampf gilt: kein Rednerpult, kein Manuskript, höchstens ein paar Stichpunkte!

- Wenn Sie auf öffentlichen Plätzen reden, können Sie zunächst nicht davon ausgehen, dass man gewillt ist, Ihnen zuzuhören. Verwenden Sie als Köderworte nur Inhalte, die aktuell auf der Titelseite der Tagespresse zu finden sind.
- Sprechen Sie vor einem Ihnen wohlgesonnem Publikum, zum Beispiel Parteifreunden, sollten Sie grundsätzlich freundlich beginnen. Oder humorvoll.
- Generell sollten Sie zunächst die Zustimmung Ihres Publikums einholen. Um welches Thema es sich auch handelt, wählen Sie Ihre Worte und Ihren Standpunkt in jedem Fall so, dass die Mehrzahl der Anwesenden Ihnen zustimmen kann. Erst wenn Sie Ihr Publikum gewonnen haben und es Ihnen deutlich Zustimmung signalisiert, kann das Werben um die eigenen Ideen oder der Angriff auf gegnerische Positionen erfolgen.

In Deutschland gibt es keine Rednerkultur

Das, was in Frankreich, England und vor allen Dingen in den USA heute ein hohes kulturelles Gut ist, die freie, große und emotionale Rede – das ist uns in Deutschland genommen worden.

Wer heute zu einem großen Redner taugt, muss immer fürchten, dass nicht der Inhalt, sondern der Stil seiner Rede als problematisch angesehen wird. Fakt: Die demagogischen Redner der Nationalsozialisten haben eine eigene Rednerkultur in Deutschland zerstört.

Könnten Sie sich vorstellen, dass Angela Merkel vor 100 000 Zuhörern ruft: »Ich habe einen Traum …!« und dann für ihren Atomausstieg wirbt? Allein die Anwesenheit von 100 000 Zuhörern wäre schon suspekt! Alle deutschen Bedenkenträger würden auf den Plan gerufen. Gut, Mario Barth und das Olympia-Stadion – das geht, weil vermutlich dumm, aber ungefährlich. Doch ein großer

Redner, zu dem die Menschen sich hingezogen fühlen, weil sie sich von der Botschaft Erbauung versprechen?

Ich will nicht aufgeben, diese Möglichkeit als eine erstrebenswerte Perspektive zu sehen.

Vielleicht ist es ein besonderes Glück, dass Daniel Goleman mit seinem epochalen Werk »Die emotionale Intelligenz« die Emotionen aus der Schmuddelecke der animalischen Reaktionen herauslöste und ihnen den Platz zuwies, den sie verdienen: Teil unserer verschiedenen Formen von Intelligenz zu sein.

Stoibers Neujahrsansprache

Anlässlich seiner Neujahrsansprache 2007 sagte der damalige bayerische Ministerpräsident Dr. Edmund Stoiber:

»Wenn Sie vom Hauptbahnhof in München … mit zehn Minuten, ohne, dass Sie am Flughafen noch einchecken müssen, dann starten Sie im Grunde genommen am Flughafen … am … am Hauptbahnhof in München starten Sie Ihren Flug. Zehn Minuten. Schauen Sie sich mal die großen Flughäfen an, wenn Sie in Heathrow in London oder sonst wo, meine sehr … äh, Charles de Gaulle in Frankreich oder in … in … in Rom. Wenn Sie sich mal die Entfernungen anschauen, wenn Sie Frankfurt sich ansehen, dann werden Sie feststellen, dass zehn Minuten Sie jederzeit locker in Frankfurt brauchen, um ihr Gate zu finden. Wenn Sie vom Flug … vom … vom Hauptbahnhof starten – Sie steigen in den Hauptbahnhof ein, Sie fahren mit dem Transrapid in zehn Minuten an den Flughafen in … an den Flughafen Franz Josef Strauß. Dann starten Sie praktisch hier am Hauptbahnhof in München. Das bedeutet natürlich, dass der Hauptbahnhof im Grunde genommen näher an Bayern … an die bayerischen Städte heranwächst, weil das ja klar ist, weil auf dem Hauptbahnhof viele Linien aus Bayern zusammenlaufen.«

Natürlich kann man sich über eine solche rhetorische »Meisterleistung« kringelig lachen – doch das ist zu wenig. Die Frage ist hier: Wie kann das passieren? Edmund Stoiber ist in Tat und Wahrheit ein herausragender Redner – und trotzdem dann das …

Stoiber stolpert über drei Probleme gleichzeitig: Er ist nicht konzentriert, er weiß nicht, was er reden will oder soll, und er schwankt zwischen dem Vorlesen einer Rede – so wie gewohnt – und dem freien Vortrag. Letztendlich versagt die Fähigkeit des Denkens, und die Unordnung der Gedanken führt zwangsläufig zur Unordnung in den Worten.

Dabei wäre seine Botschaft so unglaublich wichtig gewesen – damals …

»Stellen Sie sich einmal diese Zukunft vor: Sie checken bereits am Münchner Hauptbahnhof für Ihren Flug ein. Und in nur 10 Minuten bringt Sie der Transrapid nach Erding – direkt in den Abflugbereich! Sie können bequem mit jedem Zug aus ganz Bayern in die Landeshauptstadt rollen, steigen um, checken ein und schweben zu Ihrem Flugzeug. Keine langen Wege wie auf allen anderen internationalen Flughäfen. Das bietet Ihnen kein anderer Flughafen auf dieser Welt! Und das ist der Grund, weshalb wir den Transrapid bauen sollten, hier in Deutschland, dem Land der Erfinder!«

Die berühmte Weihnachtsrede:
BITTE NICHT REDEN!

Sollten Sie zu den Menschen gehören, die vermeintlich das Recht oder die Pflicht haben, eine Rede anlässlich einer Weihnachtsfeier zu halten, dann lehnen Sie dies lieber ab!

Eine Weihnachtsfeier ist nicht der Anlass, um in einem Rachefeldzug das zurückliegende Jahr zu beleuchten. Es geht auch nicht darum, mangelndes Führungsverhalten durch salbungsvolles Geschwafel auszugleichen. Es ist eine Feier! Und nur diesem Anlass sollte Rechnung getragen werden. Also genießen Sie hocherfreut die Speisen und Getränke. Wenn Ihre Mitarbeiter an der Gänsekeule nagen, vermissen sie in diesem Augenblick nicht die Rede ihres Chefs.

Für das Betriebsfest gilt Ähnliches. Lassen Sie doch Ihre Mitarbeiter das Fest gestalten. Wenn diese Sie bitten, eine Rede zu halten, dann könnten Sie doch mit der Idee kommen, dass der jüngste Auszubildende dies übernehmen könnte.

Im Ausland:
BITTE REDEN!

Sie sind Gast in einem anderen Land, vielleicht bei einem Kunden, einem Ihrer Lieferanten oder auf einem Kongress? Sie wissen oder ahnen, dass man von Ihnen eine kleine Rede erwartet, vielleicht einen Toast?

Es gibt nur ganz wenige Regeln, die Sie beachten müssen, um hier einen perfekten Auftritt hinzubekommen: Seien Sie unbedingt bescheiden! Hauen Sie nicht so auf die … Sahne! Kein Wort über Politik, Religion oder Besonderheiten Ihres Gastlandes – allenfalls eine Anekdote, die belegt, wie ungeschickt Sie selber sind. Dann haben Sie schon mal ein paar Punkte auf Ihrem Sympathiekonto.

Außerdem müssen Sie mindestens einen Satz in der Sprache Ihres Gastlandes reden. Und wenn es nur ein kurzer Trinkspruch ist – lernen Sie den kompletten Toast auswendig und tragen Sie ihn in der Landessprache vor! Und wenn es Finnisch ist? Dann dürfen Sie auch ablesen.

Übersetzern arbeiten ^{Mit}

Wenn Sie wissen, dass Ihre Rede in eine oder mehrere Sprachen übersetzt werden soll, dann berücksichtigen Sie folgende Punkte:

- Sprechen Sie deutlich langsamer als gewohnt! Ihre Redezeit wird also länger werden, oder Sie müssen mit weniger Text auskommen.
- Eine Dame sollte von einer Dame und ein Herr von einem Herrn übersetzt werden.
- Probieren Sie vorher, ob Ihr Sprechtempo vom Übersetzer gehalten werden kann!
- Sprechen Sie rechtzeitig die Verwendung von Fachbegriffen ab!
- Wenn Sie eine PowerPoint-Präsentation haben, dann sollten Sie diese in der gewünschten Fremdsprache abfassen und zusätzlich in kleinerer Schrift auf Deutsch – nur für Sie.

Erzählen Sie zu Beginn Ihres Vortrags einen kleinen Witz! Und achten Sie darauf, wann die Zuhörer lachen! So können Sie überprüfen, wie gut der Übersetzer ist und in welchem Tempo die Übersetzung stattfindet. Wiederholen Sie das während Ihrer Rede mehrmals!

Die besten Übersetzer, mit denen ich gearbeitet habe, standen bei ihrer Arbeit in den Sprecherkabinen und machten sogar die Gestik nach. Bitten Sie am Ende Ihres Vortrags das Publikum um einen gesonderten Applaus für Ihren Übersetzer!

Die WICHTIGSTE REDE IN IHREM LEBEN

Immer wenn Sie reden, halten Sie die wichtigste Rede Ihres Lebens! Sie können nicht wissen, ob es noch eine weitere Chance gibt, diese Zuhörerschaft zu motivieren, mit Ihrer Idee anzustecken. Ob Sie nun entscheidende Führungskraft sind oder in einem Gemeinderat sitzen, ob Sie im Präsidium eines Vereines wirken oder sich für besondere Interessen engagieren – immer ist es Ihre wichtigste Rede.

Wenn Sie nun denken: »Na ja, da wollen wir doch mal auf dem Teppich bleiben – was ich da demnächst für eine Rede halten muss, das ist mehr Pflicht als Kür und die wichtigste Rede meines Lebens schon gleich gar nicht!«, warum halten Sie sie dann? Weil Sie müssen? Wenn Sie schon »müssen« – dann nutzen Sie doch die Gelegenheit, genau in diesem Augenblick Ihre wichtigste Rede zu halten. Sie überraschen damit alle! Und dann erzielen Sie möglicherweise eine Wirkung, die so außerordentlich ist, dass sich das Blatt total wendet!

Der erste Satz – das Ziel

»Wir wollen in unserer Branche die Nummer 1 werden!« Das ist der richtige erste Satz für eine Motivationsrede. Hiermit ist alles gesagt. Die Absicht und die Richtung stehen fest. Kein langes Herumgerede. Sie können jetzt natürlich noch weitere Sätze folgen lassen – aber: Packen Sie das Ziel Ihrer Rede in den ersten Satz!

Können Sie sich vorstellen, dass ein Fußballtrainer in der Pause zu seinen Leuten sagen würde: »Wenn ich den Spielverlauf so Revue passieren lasse, dann erinnert mich der an ein Spiel vor drei Jahren, das endete völlig ausgeglichen null zu null. Könnte heute so ähnlich werden – na, dann schauen wir mal.« Das glauben Sie doch wohl selber nicht!

So klingt das richtig: »Uns trennt nur ein Tor vom Sieg! Und das will ich jetzt sehen! Raus! Holt euch die drei Punkte! Männer, ich will euch kämpfen und sterben sehen!«

Butter bei die Fische

Jede Motivationsrede wirft für das Publikum eine einzige Frage auf: »Was haben wir davon?« Stellen Sie ohne viele Einzelheiten zu nennen fest: »Und das haben Sie davon!« In diesem Satz liegt auch die Drohung – bei Nichterreichung haben wir den Salat!

So einfach geht das

Und dann erklären Sie Ihren Zuhörern den einen Weg, der zum Ziel führt! Keine Umwege oder Unklarheiten. Keine Abkürzungen oder eventuelle Rückversicherungen. »Wenn wir das so machen, dann erreichen wir unser Ziel! Noch schläft die Konkurrenz!«

Die Tat folgt der Idee

Wenn Sie die Nummer 1 werden wollen, dann erklären Sie jetzt genauer und konkret, wie Sie vorgehen werden – einfache Sprache und einfache Schritte!

Verstärkung

Verknüpfen Sie noch einmal das Ziel mit der Belohnung: »Wenn wir die Nummer 1 sind, dann haben wir die beste Marktposition. Damit sichern wir unsere Existenz und die Arbeitsplätze. Das Beste ist allerdings die Prämie für jeden Einzelnen von uns!«

Der Funke springt über

Zum Schluss kommt das Beste: Ihre Begeisterung! Jetzt entscheidet sich, ob Ihr Appell greift, ob Ihre Worte die Herzen erreicht haben. »Also los! Schnappen wir uns die Gelegenheit! Hauen wir eine Delle ins Universum!«

Diese geschilderten Schritte sind ein klares Konzept, das Sie genau in dieser Reihenfolge anwenden sollten. Fügen Sie nichts hinzu und nehmen Sie nichts weg! Wie lang eine solche Rede sein kann? Das spielt zunächst keine Rolle – vielleicht nur einige Minuten –, und wenn erforderlich, dann eben auch mal anderthalb Stunden! Noch ein Tipp: Sie können auch diese Punkte an den Schluss einer zunächst »normalen« Rede setzen. Dann starten Sie mit einem Fachreferat und enden mit einer Motivationsrede!

In Feindes Land

Nun will ich Sie an einen Ort führen, den Sie kennen müssen, um zu lernen, mit der Furcht davor umzugehen.

Denn grundsätzlich kann es Ihnen bei einer noch so guten Rede passieren, dass sich Gegner zu erkennen geben, die Sie mit Zwischenrufen traktieren werden. Das ist häufig lästig, manchmal unangenehm, allemal störend – dennoch legitim.

Die erste erforderliche Maßnahme besteht darin, dass Sie sich nicht scheuen sollten, alle nur denkbaren Gegenargumente zu Ihrer Position aufzuschreiben. Im zweiten Schritt sollten Sie dann diese Ein- und Vorwände für sich untersuchen und widerlegen. Dann haben Sie nämlich genügend Material, um bereits in Ihrer eigenen Rede die vermuteten Gegenargumente aufzugreifen. Das hört sich dann ungefähr so an:

»Die Kritiker unter Ihnen werden einwenden, dass …«
»Fachleute vertreten manchmal die Meinung …«
»Es gibt immer wieder Praktiker, die gerne daran erinnern …«

Solche Sätze lassen sich sowohl als Paket an das Ende einer Rede stellen als auch – und das ist viel eleganter – in feinster Dosis in die ganze Rede einflechten.

 Wenn Sie schon die Gegenargumente kennen, dann gehen Sie doch darauf ein!

Sie haben dabei zwei Möglichkeiten: Entweder Sie gehen nur zum Schein auf die Gegenargumente ein – das kann man machen, ist bei geübten Debattengegnern aber immer ein Sprengsatz – oder Sie gehen tatsächlich darauf ein. Dann müssen Sie unbedingt darauf achten, dass Sie niemals, ich wiederhole niemals, das Wort »aber« verwenden – nehmen Sie stattdessen das Wort »und« und Sie kommen automatisch zu hochinteressanten Argumenten:

Sagen Sie statt »Fachleute vertreten manchmal die Meinung, dass …, aber was wissen schon Fachleute?« besser »Fachleute vertreten manchmal die Meinung, dass …, und es ist immer wieder interessant festzustellen, wie eng Menschen denken können« oder statt »Es gibt immer wieder Praktiker, die gerne daran erinnern, grau sei alle Theorie, aber die Wirklichkeit sieht doch ganz anders aus …« besser »Es gibt immer wieder Praktiker, die gerne daran erinnern, grau sei alle Theorie, und tatsächlich stellt sich dann heraus, dass die richtige Technologie sehr wohl funktioniert«.

Sie werden den Zwischenruf nicht verhindern können. Doch für den perfekten Redner ist der Zwischenruf wie Salz und Brot.

Kaufen Sie dem Zwischenrufer den Schneid ab:

»Sie sind ja vielleicht eine Marke!«
»Auf so eine Idee muss mal erst einer kommen!«

»Auf Ihren Zwischenruf warte ich schon die ganze Zeit!«

Das geht aber nur, wenn Sie sehr sicher sind – nicht, was Ihre Argumentation betrifft, sondern Ihren Rückhalt im Publikum.

Wenn Ihnen allerdings ein ständiger Zwischenrufer und Nörgler wie eine Laus im Pelz hängt, dann brechen Sie mit Ihrer Rede ab und schauen den Typen an – nur gucken –, und dann, nach unendlichen Sekunden, machen Sie weiter!

Sollte Ihnen der Zwischenrufer bekannt sein und Sie können sich ein Menschenopfer leisten – aber Vorsicht, niemals bei einem Mitarbeiter oder Kunden anwenden –, dann geht das ganz einfach:

> »Herr Kollege, Ihre Meinung ist doch für niemanden mehr
> eine Überraschung! Wollen Sie nicht endlich Ihren Frieden
> mit dem Thema machen?«

Wenn man Sie allerdings richtig erwischt oder Sie mit einem Blattschussargument erlegt, sodass kein Ausweg mehr möglich ist, dann gibt es nur eins:

> »Sie haben Recht! Hier habe ich mich geirrt! Einverstanden!
> Der Punkt geht an Sie!«

Ist was passiert? Nein! Sie sind tatsächlich wieder im Spiel! Wer hat sich noch nie geirrt? Und warum nicht einen Punkt abgeben – der Satz ist deshalb nicht verloren und das Spiel schon gar nicht!

Was einem alles passieren kann VIII

Seminar in Düsseldorf. Unter den 16 Teilnehmern sitzen drei Herren, die die ganze Zeit mit Zwischenbemerkungen den Trainer Köhler ganz offensichtlich unter Druck setzen wollen. Dann geschieht etwas Außergewöhnliches: Am Ende des Seminars bitten die drei um ein Gespräch. »Herr Köhler, Sie haben gemerkt, dass wir Ihnen nicht wohlgesonnen begegnet sind.« – »Weiß Gott – Sie waren zwischendurch regelrecht lästig –, was ist los?« – »Wir sind gekommen, um Sie zu prüfen. Unsere Absicht war, Ihr Seminar zu sprengen – und wenn uns das nicht gelingen sollte, dann hätten Sie genau die Qualität, die wir suchen. Wir möchten Sie deshalb gerne als Berater engagieren!« – »Heißt das, Sie haben meinen Ruf aufs Spiel gesetzt, nur um zu klären, ob ich für Sie als Berater infrage komme? Dann kommen Sie für mich als Kunde nicht in Betracht!«

Eine
perfekte
REDE

braucht ein

unver-
wechsel-
bares
Design

Das KONZEPT für Ihre perfekte Rede

Jetzt erfahren Sie Schritt für Schritt, wie ich eine Rede gestalte, ihr ein unverwechselbares Design gebe. Bei jedem Schritt bekommen Sie außerdem weitere Empfehlungen, die Sie dann für Ihre eigenen Zwecke umsetzen können.

Format: Worum geht es eigentlich?

Es beginnt immer mit der Recherche. Daher die erste Frage: Was für eine Veranstaltung ist das, bei der ich die Rede halten soll? In welchem Rahmen soll ich reden? Es kann sich um eine Kick-off-Veranstaltung handeln, ein Jahresergebnis soll gefeiert werden, die motivierende Aufbruchstimmung für ein neues Projekt soll geschaffen werden, die Angst vor Veränderungen soll abgefedert werden oder es soll schlicht und einfach Lust auf das Verkaufen gemacht werden.

DER TIPP FÜR SIE

Klären Sie immer genau den Anlass und die Absicht, weshalb man Sie einlädt! Wichtig ist, dass Sie die Erwartungen an Sie genau kennen. Scheuen Sie sich nicht, exakte Fragen zu stellen! Noch können Sie nämlich »Nein« zu der Einladung oder dem Angebot sagen. Seien Sie sich nicht zu schade, auch vor kleinen Gruppen zu sprechen! Auch die Präsentation einer scheinbar nur sachlichen Information kann immer die beste Gelegenheit sein, eine perfekte Rede zu halten.

Ziel: Wohin soll es gehen?

Bereits in einem sehr frühen Stadium mache ich mir eine bildhafte Vorstellung von dem Zustand, in dem die Zuhörer sein sollen, wenn die Rede ausklingt. Bei den meisten Anlässen ist der Auftrag definitiv klar: Die Menschen sollen begeistert sein. Ich halte diesen universellen Auftrag für das erstrebenswerteste Ziel überhaupt.

Sie kennen wahrscheinlich diese Aussage, dass es keine langweiligen Themen gibt, nur langweilige Redner. Stimmt. Oder anders ausgedrückt: Man muss es schaffen wollen, in einer Grabesrede den Trauergästen die Lust auf das Leben zu schenken.

Köhlers Empfehlung

Welcher Anlass für eine Rede es auch immer sein mag, setzen Sie alles daran, dass Ihre Zuhörer positiv berührt werden! Machen Sie Hoffnung!

Publikum: Wer hört hin?

Jetzt wird es richtig interessant, schwierig und gefährlich! Die wichtigste Frage zuerst: Kommen die Zuhörer freiwillig oder hat der Chef sie geschickt? Wenn ich den Verdacht habe, Letzteres könnte der Fall sein, dann mache ich es zum Thema: »Ich weiß leider nicht, ob Sie freiwillig hier sind oder ob man Sie abkommandiert hat. Darf ich mal fragen, wer nicht freiwillig hier ist …? Okay – ich hätte mich auch nicht gemeldet! Also, wenn Sie hier sitzen und sich ärgern, dann haben Sie wirklich keine schöne Stunde vor sich – und Ärgern macht unglaubliche Falten, das können Sie nicht wollen, oder? Wenn Sie schon keine Ausrede gefunden haben, um sich vor dieser Veranstaltung zu drücken, dann versuchen Sie doch aus diesem Vortrag etwas für sich zu gewinnen …«

Machen Sie es zum Thema

Wenn Sie wissen oder erahnen, dass man Ihnen nicht freiwillig oder wohlgesonnen zuhört, dann machen Sie diesen Tatbestand sofort zu Beginn Ihrer Rede zum Thema. Unausgesprochene Konflikte machen das Zuhören unmöglich!

Konfrontation: Wie kann man das Publikum packen?

Ich beginne häufig mit einer Konfrontation. Zum Beispiel mit einer Frage direkt zu Beginn: »Wer von Ihnen war schon einmal verliebt?« Dabei hebe ich gleichzeitig meine rechte Hand als Wortmeldung und fordere diese damit auch von den Zuhörern ein. Nicht jeder will sich natürlich öffentlich zu solchen Herzensangelegenheiten äußern. Und sich dann auch noch melden müssen – das geht eigentlich gar nicht!

Ob man Zuhörer mit einem persönlichen Szenario bedroht, sie mit einer Zukunft konfrontiert, die zunächst Angst macht, oder ihnen einen »unerhörten« Gedanken offeriert, ist gleichgültig. Es wirkt nur, wenn man Ihnen, als dem Redner, die emotionale Identifikation abnimmt.

Hier brauchen Sie Mut

Wenn Sie es hinkriegen, einen kleinen Tabubruch zu Beginn durchzuziehen, eröffnen sich Ihnen als Redner völlig neue Dimensionen.

Gute Absichten: das Versprechen

Nach der Provokation muss den Zuhörern sofort klar gemacht werden, dass man nur Gutes mit ihnen vorhat. Ein ängstliches

Publikum hätte man sofort verloren und könnte es nie erreichen. Deshalb gebe ich an dieser Stelle häufig ein Versprechen ab, zum Beispiel: »Sie bekommen heute zehn goldene Regeln, die Ihr Leben positiv verändern werden!«

Lachen Sie die Welt an!

Erwecken Sie bei Ihren Zuhörern immer die Freude auf den Inhalt oder das Ziel der Rede, weil sie Ihnen dann gerne folgen werden!

Botschaft: alles in einen einzigen Satz

Ganz generell gilt für Vortragsthemen, dass die Botschaft in einem einzigen Satz verpackt sein sollte. Hier ein historisches Beispiel: »Ich bin ein Berliner!« Und aktueller, gleichzeitig unschlagbar gut: »Yes we can!« Die zentrale Botschaft sollte dabei durchaus mehrmals in einem Vortrag ausgesprochen werden.

Sie sind ein Segen

Überlegen Sie intensiv: Wie können Sie das, was Sie sagen wollen, so verändern, dass aus einer Droh-Botschaft eine Froh-Botschaft wird. Also nicht mehr: »Hören Sie mit dem Rauchen auf!«, sondern: »Leben Sie gesund!« Selbst wenn Sie ein schwieriges Thema vortragen müssen, könnten Sie immer noch zum Beispiel so formulieren: »Wie Sie dem Tod von der Schippe springen«.

Storytelling: Der Frosch ist die Prinzessin

Zuhörer lieben Geschichten. Ich trainiere das Geschichtenerzählen ausgiebig, sorgfältig und täglich. Dazu braucht man Fantasie und den Wunsch, Menschen erreichen zu wollen. Da ich um die bildhafte Vorstellungskraft von Menschen weiß, »male« ich mit Worten Bilder in die Köpfe meiner Zuhörer. Und spätestens an dieser Stelle merkt man, wie wichtig die einfache, klare und passgenaue Sprache ist.

Sie müssen den Prinzen wachküssen

Sie müssen Geschichten erzählen können, wenn Sie die perfekte Rede halten wollen! Das ist entscheidend – nichts anderes! Achten Sie unbedingt auf einige handwerkliche Regeln: Wenn Sie ein persönliches Erlebnis erzählen, dann müssen Sie das auch persönlich erlebt haben. Erfundene Geschichten müssen Sie enttarnen. Seminargeschichten sollten Sie kenntlich machen. Märchen sind als Märchen zu deklarieren. Und wenn Sie gestohlen haben, dann geben Sie es zu: »Ich habe aus vielen Quellen getrunken!«

Fakten, Geschichten oder beides?

In diesen Mix aus Geschichten webe ich jetzt in einem ganz strengen Muster die Fakten – die zentralen Aussagen – ein. Also, einmal die bildhafte, nachvollziehbare Story und dann der Fakt als Punkt. Die Struktur wird durch die Fakten gestaltet, die Storys bilden nur das Gewebe der Plausibilität.

Was ist der wahre Punkt für Sie?

Sammeln Sie unbedingt ein Maximum an Fakten – um ganz sicher zu sein. Und dann treffen Sie die Auswahl: Versuchen Sie das einzige Faktum zu finden, das Ihre These bestätigt oder Ihr Ziel erstrebenswert erscheinen lässt!

Gute Gründe: **die Einladung**

Vorschläge sind auch Schläge. Deshalb bitte ich das Publikum, meine Ideen zunächst nur zu prüfen, und erst dann, wenn es das Gefühl hat, sie könnten ihm helfen, die Ideen zu übernehmen.

Bleiben Sie klug und weich!

Selbst wenn Sie sich Ihrer Sache ganz sicher sind und aus tiefster Überzeugung wissen, dass Sie recht haben und niemand Sie widerlegen kann, werden Sie nicht zu einem Besserwisser der besonderen Art. Präsentieren Sie Ihre Ideen weich, angenehm, ja geradezu verlockend. In dem Wort Zustimmung, die Sie letztendlich ja wollen, liegt das Wort Stimmung versteckt. Also sorgen Sie – auch stimmungsmäßig – dafür, dass man Ihnen zustimmen kann und will.

Titelei: **Klingen soll die Botschaft!**

Natürlich braucht jeder Vortrag einen Titel, einen Namen. Ich lege mir immer sofort einen Arbeitstitel an, der dann im Laufe der Redeentwicklung konkrete Gestalt annimmt. Die Titelei bei einem Buch, einem Produkt und einer Rede ist entscheidend hinsichtlich der Attraktivität für den Kunden, Käufer und Zuhörer. Neben der Wortwahl achte ich auf das grafische Erscheinungsbild, aber das ist auch nur eine Marotte von mir …

Sie sind das Programm

Prüfen Sie immer wieder den Titel Ihrer Rede. Enthält er ein Versprechen? Klingt er verlockend? Ist sofort eine Richtung erkennbar? Oder lässt er die Zuhörer komplett im Unklaren, klingt aber spannend genug? Schauen Sie sich Filmtitel an:

Unzerstörbar
Der Feind in meinem Bett
Denn sie wissen nicht, was sie tun
Die Firma
Das Komplott

Aus diesen paar Titeln können Sie die unglaublichsten Reden entwickeln. Versprochen!

Und Schluss: Man darf uns niemals vergessen!

Für die perfekte Rede wird jetzt richtig gearbeitet! Sie wissen doch, der erste Eindruck entscheidet – und der letzte. Genau! Es geht um den letzten, bleibenden Eindruck. Es geht also auch um das Schlussgefühl, mit dem die Zuhörer allein gelassen werden. Deshalb muss jeder Ton, jede Bewegung, jeder Satz sitzen und wie der Schluss-Stein für die Kuppel einer Kathedrale von handwerklicher Präzision sein. Nur dieser Schluss-Stein hält die Kuppel zusammen – ohne ihn stürzt alles in sich zusammen! Allein der Schluss eines Vortrags schafft es, das gesamte Konstrukt zusammenzuhalten. Mit dem letzten Wort ist alles gesagt. Jetzt darf nur noch der Applaus uns erlösen.

Der Schluss gehört nur Ihnen

Vermeiden Sie folgende Fehler am Ende Ihrer Rede: Bitten Sie nicht um Diskussionsbeiträge und lassen Sie sich nicht von einem Moderator »zusammenfassen«. Wenn eine Abmoderation nicht vermeidbar ist, dann sprechen Sie vorher genau ab, was gesagt werden soll!

Monopoly – jetzt MIT ECHTEM GELD

Erst jetzt wird der eigentliche Beginn der Rede erarbeitet. Was sollen die Zuhörer als Erstes sehen und hören? Haben Sie schon einmal Monopoly mit echtem Geld gespielt? Ein irres Gefühl – weil eben aus dem Kinderspaß jetzt absoluter Ernst wird.

Sie leben im absoluten Jetzt!

Aufgepasst! Sie haben nur Sekunden Zeit und müssen ein ganzes Publikum fesseln! Reizen Sie die Wahrnehmung Ihrer Zuhörer durch außergewöhnliche Maßnahmen gleich zu Beginn Ihrer Rede!

Metaplan: Google Street View auch für die Rede

Jeden Schritt und jeden Gedanken meiner Rede halte ich auf einer Moderationskarte fest. Im klassischen Metaplanverfahren heißt das: maximal sieben Worte auf eine Karte, immer quer, Format 21 x 10 Zentimeter. Je nach Länge des Vortrags können das 20 bis 50 Karten sein. Jetzt kommt der Höhepunkt der Vorbereitung: Die gesamte Rede wird auf dem Fußboden ausgebreitet. Wie eine riesige Landkarte liegt alles vor mir. Ich gehe im wahrsten Sinne des Wortes durch meine Rede. Ich erfasse sie aus einer gewissen Distanz – und dabei kann ich die Redeelemente auch jederzeit umsortieren, da auf der einzelnen Karte immer nur ein Gedanke festgehalten ist. Das endgültige Durchnummerieren zum Schluss ist handwerkliche Vorsorge. Es ist peinlich, wenn die Karten während des Vortrags durcheinandersegeln und sich nicht mehr so schnell sortieren lassen.

Jetzt werden Sie hart arbeiten

Wenn Sie mit der Metaplantechnik arbeiten, dann stellen Sie unter Umständen fest, dass vielleicht ein bestimmter Gedanke an einer ganz anderen Stelle eine noch viel höhere Wirkung haben würde. Sie können die Reihenfolge der Argumente immer wieder ändern und jede Passage noch einmal überprüfen. Lassen Sie die Karten auf dem Boden liegen, damit Sie immer wieder über Ihre Rede »gehen« können! Wenn Sie das Gefühl haben: »Jetzt könnte es funktionieren«, dann nummerieren Sie die einzelnen Karten durch und schieben dieses schmale Päckchen zusammen. Jetzt können Sie immer wieder in Ihre Rede einsteigen, sie ausbreiten und zusammenstreichen.

Sprich, damit man dich hört!

Während der gesamten Vorbereitung und Planung werden die Ideen und Themen nicht nur gedacht, sondern auch laut und deutlich gesagt! Ich rede laut und betont in der Vorbereitung.

Sie leben durch Ihre Stimme

Ein glatter Gedanke ist noch kein klingender Satz! Sprechen Sie laut – in der geplanten Redelautstärke – Ihre Sätze! Sie werden sofort merken, ob Ihre Gedanken nur denkbar oder auch sprechbar sind. Und das kann ein himmelweiter Unterschied sein …

Polieren: LASS DEIN BABY LOS!

Jetzt mache ich etwas, was für jeden Handwerker typisch ist: Ich gebe meinem »Baby« den absolut letzten Glanz – und dabei wird der Wunsch immer stärker, es nicht hergeben zu wollen. Ich poliere ständig weiter – und freue mich an dem Werk. Trotzdem: Irgendwann ist Schluss! Fertig! Jetzt findet nur noch die Aufführung der Rede statt.

Das ist Ihr Finale

Lernen Sie Ihr Kunstwerk ausgiebig kennen. Freuen Sie sich an den kleinen Details. Vor einer Gefahr sei gewarnt: nicht verschlimmbessern! Irgendwann muss es auch mal gut sein. Freuen Sie sich auf den donnernden Applaus, der Sie am Ende Ihrer Rede reichlich belohnen wird!

DER HÖHEPUNKT: Ihre Rede sei wie ein Diamant!

Ich bin ziemlich sicher, dass weder Sie noch ich in einem Kiesbett einen Rohdiamanten erkennen würden. Warum? Weil diese Edelsteine mit einem gelben, grauen oder braunen »Mantel« überzogen sind, der sie für das normale Auge schier unsichtbar macht. Was macht diese Edelsteine so begehrenswert? Es ist ihr brillantes Strahlen! Doch wie entsteht das »Feuer«, das aus einem rohen Diamanten einen Brillanten macht?

Würde man einen Diamanten rund schleifen, ergäbe das nichts weiter als eine glasklare Murmel – ohne jeden Reiz. Die unglaubliche Faszination eines Brillanten entsteht durch unterschiedliche optische Vorgänge, die in ihm stattfinden. Schnell aufgezählt geht es um die Reflexion des Lichtes an der Oberfläche, die die Außenbrillanz erzeugt. Die Lichtbrechung und Totalreflexion auf den Unterteilfacetten ergeben die Innenbrillanz. Die Zerlegung des Lichtes in seine Spektralfarben, die Dispersion, sorgt für das Feuer. Das Funkeln des Steines entsteht durch die Bewegung im Licht. Doch das ist immer noch nicht alles.

Es sind die 32 Facetten auf der Oberseite des Steines, die Tafel und weitere 24 Facetten plus Kalette auf der Unterseite, die in einem präzisen Winkelspiel das Lichtspiel und damit die Faszination eines solchen Juwels perfektionieren.

Und das gilt erst recht für das gesprochene Wort: Es ist der Facettenreichtum von Ideen und Ansichten, der klare und wohlüberlegte Schliff von Gedanken und Worten, die Eckigkeit der persönlichen Meinung, die Kantenhärte der Argumente und die handwerkliche Präzision in der Ausgestaltung, die aus dem Rohstoff eines Wortbeitrags eine perfekte Rede erwachsen lassen.

Es war mir eine Freude und eine Ehre, für Sie dieses Buch zu schreiben!

Ihr

Hans-Uwe L. Köhler

DANKE
schön:

Dieses Buch widme ich meinen Lehrern: Nikolaus B. Enkelmann, Heinz G. Geilich, Pater Ernst Haensli SJ, Dr. Baldur Kirchner, Klaus Krämer, Miyamoto Musashi, George S. Odiorne sowie Alfred Rademacher.

Für Ideen und Anregungen danke ich Ulrike Aichhorn, Andreas Buhr, Erich-Norbert Detroy, Geert Müller-Gerbes, Roland Franck, Michaela Freier, Uwe Günter-von Pritzbuer, Siegfried Haider, Kristina & Nico Hohendorf, Jürgen Hollstein, Angelika und Bernd Höcker, Benedikt Janssen, Anja Klanck, Holger C. Köhler, Prof. Joachim Köhler, Tanja Köhler, Peter H. Krötenheerdt, Karolin & Ulrich Möller, Dr. Werner Scheck, Hansjürgen Schubert, Prof. Lothar Seiwert, Slatco Sterzenbach, Simone und Peter Vahle und Walter Zimmermann.

Ein ganz besonderer Dank gilt Eugen Grüning, der mir durch seine konsequente Art half, die Antike und ihre Redner noch besser zu verstehen.

Ute Flockenhaus ist die Impulsgeberin für dieses Buch. Ihr Kernsatz war: »Die Leute wollen von Köhler wissen, wie er es macht! Und das schreiben Sie auf!«

Und schließlich möchte ich mich bei meiner härtesten und liebevollsten Kritikerin bedanken, die mich durch alle meine Texte begleitete: Ilse-Luise Köhler.

Literaturverzeichnis

Aristoteles: Rhetorik, Reclam, Ditzingen, 1999

Baum, Thilo: Komm zum Punkt!, Eichborn, Frankfurt, 2009

Birkenbihl, Vera F.: Rhetorik, Urania, Freiburg, 2000

Braun, Roman: Die Macht der Rhetorik, Redline Wirtschafts-
verlag, München, 2007

Brehler, Reiner: Der moderne Redetrainer, Falken, Niedern-
hausen, 2000

Breitenstein, Rolf: Die wirksame Rede, Langen / Müller, München,
1994

Danz, Gerriet: Neu Präsentieren, Campus, Frankfurt, 2010

Deutscher, Guy: Du Jane, ich Goethe, dtv, München, 2011

Enkelmann, Nikolaus B.: Power der Verkaufsrhetorik, GABLER,
Wiesbaden, 1996

Fuhrmann, Manfred: Redekunst, Klett, Stuttgart, 1997

Fey, Gudrun: Reden macht Leute!, Walhalla, Regensburg, 2009

Goldmann, Heinz: Wie Sie Menschen überzeugen, ECON,
Düsseldorf, 1990

Heiser, Albert: Bullshit Bingo, Creative Game, Berlin, 2009

Hermann-Ruess, Anita: Highlight-Rhetorik, GABAL, Offenbach,
2010

Hey, Julius: Der kleine Hey, Die Kunst des Sprechens, Schott
Verlag, Mainz, 1997

Jelinek, Gerhard: Reden, die die Welt veränderten, Ecowin,
Salzburg, 2009

Kirchner, Baldur: Sprechen vor Gruppen, Klett, Stuttgart, 1980

Klöss, Erhard: Reden des Führers, dtv dokumente, 1967

Köhler, Hans-Uwe L.: Arbeiten. Aber wie? Bitte!, GABAL,
Offenbach, 2004

Köhler, Hans-Uwe L.: Verkaufen ist wie Liebe!, Walhalla,
Regensburg, 2010

Krefeld, Heinrich: Res Romanae, Hirschgraben, Frankfurt, 1968

Pleticha, Heinrich und Schönberger, Otto: Die Römer, Prisma Verlag, Gütersloh, 1980

Ruhleder, Rolf H.: Rhetorik, Kinesik, Dialektik, Rentrop, Bonn, 1992

Scheerer, Harald: Reden müsste man können, GABAL, Offenbach, 2010

Schneider, Wolf: Deutsch! Rowohlt, Reinbek, 2005

Stevenson, Doug: Die Storytheater-Methode, GABAL, Offenbach, 2008

Wöss, Fleur: Der souveräne Vortrag, Linde, Wien, 2004

Stichwortregister

Über den Autor

Hans-Uwe L. Köhler ist seit über 30 Jahren Experte für emotionale Kommunikation und gefragter Keynote-Speaker. Sein Wortwitz, das schnelle Spiel seiner Ideen und Gedanken, die Kommunikation mit dem Publikum – das unterscheidet diesen außergewöhnlichen Redner und Trainer von allen anderen. Er ist ein Motivator der Spitzenklasse.

Hans-Uwe L. Köhler ist der Erfinder des »LoveSellingConcept«. Er eröffnet mit seinen Ideen den Zugang zu einer besonders feinen Art des Verkaufens – völlig frei von Druck, dennoch hochwirksam! Sein Buch »Verkaufen ist wie Liebe!« gehört mit 16 Auflagen seit vielen Jahren zu den Wirtschaftsbestsellern.

Er wurde vom Berufsverband für Trainer, Berater und Coaches (BDVT) mit dem Award of Excellence in Communication ausgezeichnet und von der German Speakers Association (GSA) mit der Aufnahme in die Hall of Fame geehrt. 2010 erhielt er für sein hohes Maß an Innovation und Kreativität den Innovation Award der GSA.

www.die-perfekte-rede.com
www.loveselling.de
www.verkaufsmarathon.de

Unsere Covey-Bestseller